1まいでいろいろできちゃう!

ふしぎおりがみ

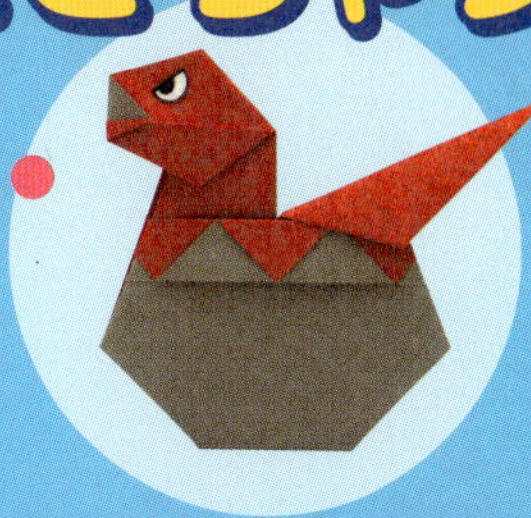

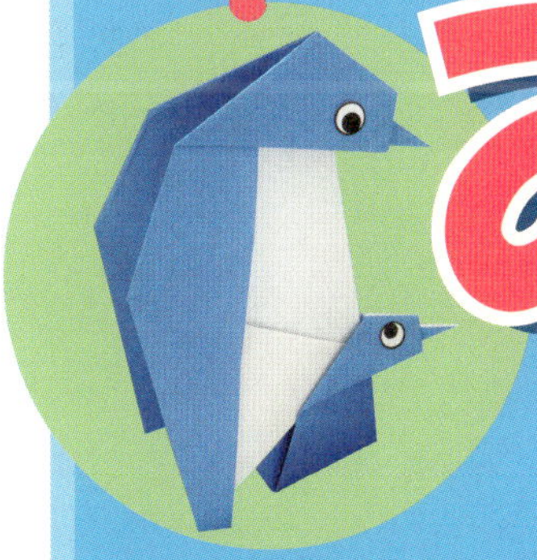

「おりがみ くらぶ」主宰
新宮文明 著

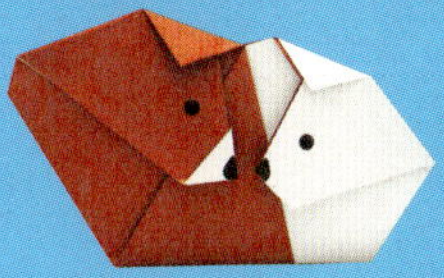

日本文芸社

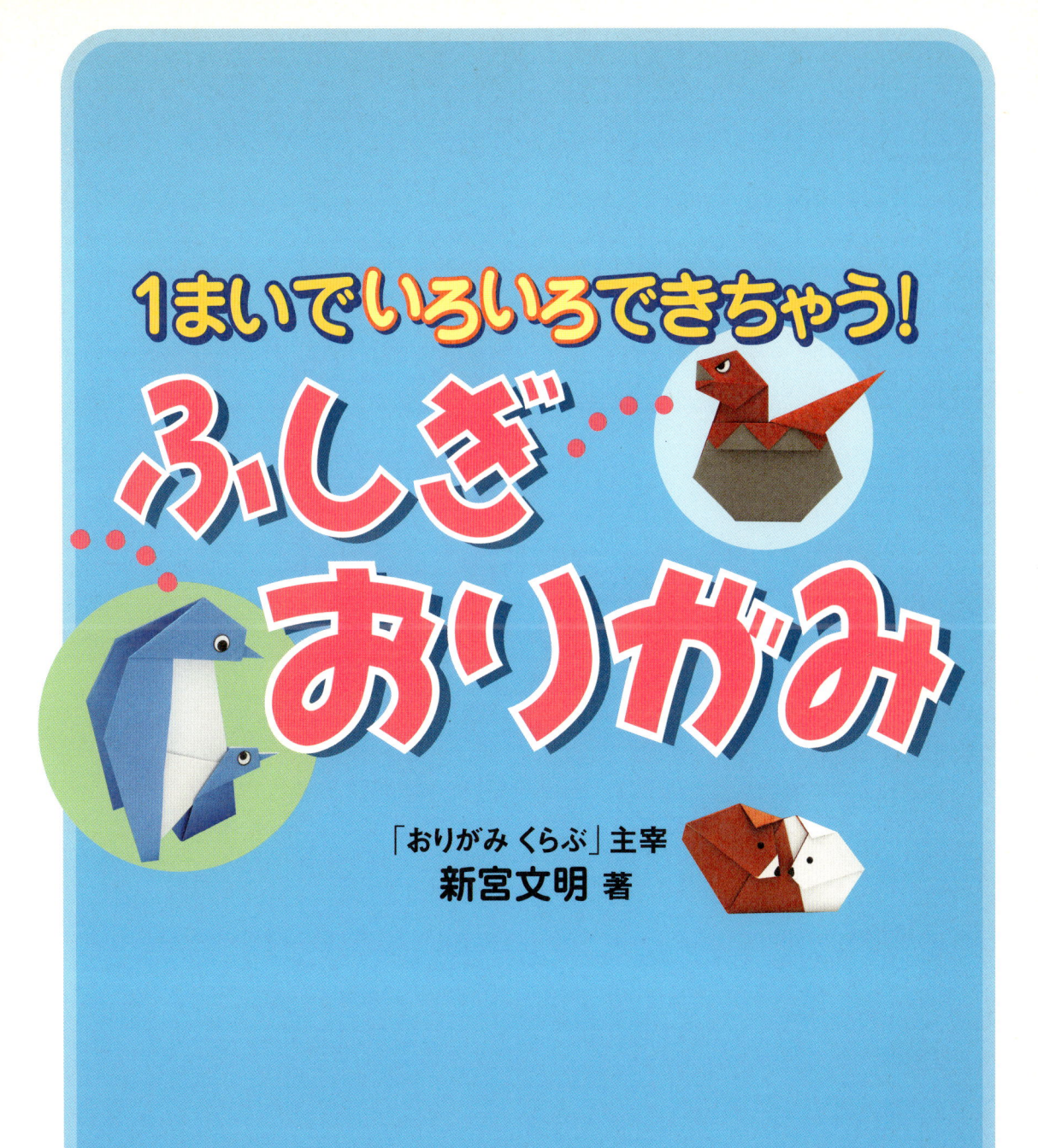

もくじ

PART・1 なかまといっしょ

PART・2 なかよしおやこ

はじめに

私は子どものころによく折り紙を折って遊びましたが、成長するにつれて折り紙から遠ざかっていきました。再び出会ったのは、2人の子どもが折り紙に興味をもったからです。子どもたちといっしょに折り紙を楽しむのは、とても幸せな時間でした。でも、時がたつにつれ、子どもたちはかつての私のように折り紙から離れていきました。

なぜ、大きくなるにつれて離れていくのだろう——もしかしたら、従来の折り紙では、成長するにしたがって退屈になるのかもしれない。では、おもしろい折り紙とは、いったいどんなものだろうか？　そう考えたとき、

「一枚で数匹の動物や昆虫が折れれば」

「一枚で親と子を一緒に折れれば」

「チーズの上にいるネズミや座布団の上に座る猫などのシーンが折れれば」

などのいろいろなアイデアが浮かびました。それをラフスケッチして、時間をかけ、少しずつカタチにしてみました。気がついたら、多くの折り紙が生まれていました。

本書「ふしぎおりがみ」では、簡単でおもしろいものから、やや難しいものまで、私のお気に入りの作品を収集しました。読者の皆さんが折ってみて、「おもしろい」「かわいい」「楽しい」と感じ、少しでもながく折り紙に親しんでいただければ幸いです。

新宮　文明

PART 3 おもしろいどうぶつ

PART 4 しぜんの中のどうぶつ

この本《ほん》のとくちょう

レベル

おりがみのむずかしさをあらわしています。ねこの足《あし》あとの数《かず》が多《おお》くなるほどむずかしくなりますので、作品《さくひん》をえらぶときのさんこうにしてください。

すごくかんたん
(ようちえんから小学校《しょうがっこう》1～2年生《ねんせい》くらいのお子《こ》さんにむいています)

かんたん
(小学校《しょうがっこう》の低学年《ていがくねん》くらいのお子《こ》さんにむいています)

ふつう
(小学校《しょうがっこう》の中学年《ちゅうがくねん》くらいのお子《こ》さんにむいています)

ややむずかしい
(小学校《しょうがっこう》の高学年《こうがくねん》くらいのお子《こ》さんにむいています)

むずかしい
(できないときは大人《おとな》の人《ひと》にてつだってもらいましょう)

かみの大きさ

この本《ほん》のおり図《ず》は、すべてふつうの大《おお》きさのおりがみ（15cm×15cm）をおって撮影《さつえい》したものですが、作品《さくひん》によってはもっと大《おお》きなおりがみのほうがおりやすいものもあります。ここではその作品《さくひん》をおるときに、おりやすいかみの大《おお》きさの例《れい》をしめしましたが、じぶんのおりやすい大《おお》きさのかみで、じゆうにおってください。

めだまシール

本《ほん》のひょうしをめくったところに「めだまシール」がついています。できあがったおりがみにめだまをはると、どうぶつたちがいきいきして、もっとたのしい作品《さくひん》になります。めだまのサイズは大小《だいしょう》いろいろとそろえてあるので、作品《さくひん》のサイズとあうものをつかってください。もちろん、フェルトペンなどでかいてもOK《オーケー》です。

ポイント

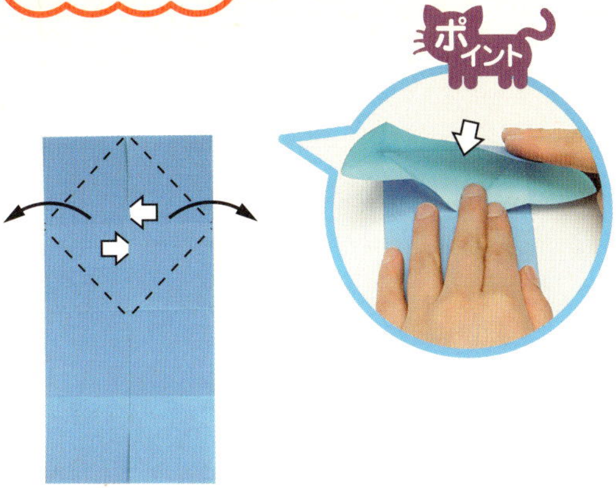

こまかいところ、むずかしいところは、「ポイント」を見《み》てください。そのぶぶんの図《ず》を大《おお》きくしたり、おっているとちゅうの図《ず》を円《えん》の中《なか》に入《い》れてあります。

かくだい

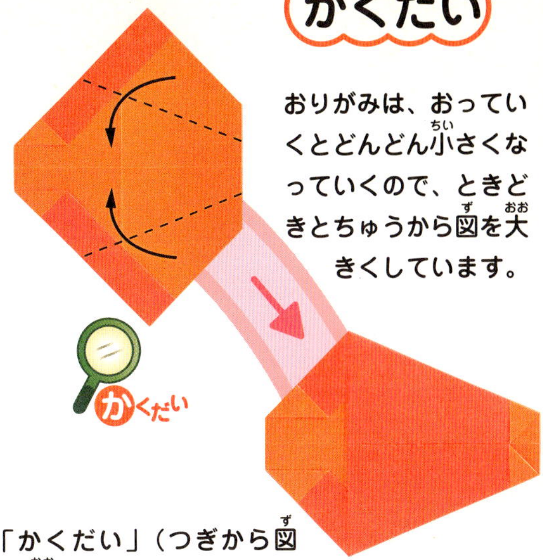

おりがみは、おっていくとどんどん小《ちい》さくなっていくので、ときどきとちゅうから図《ず》を大《おお》きくしています。

「かくだい」（つぎから図《ず》が大《おお》きくなる）するときには、虫《むし》めがねのマークを入《い》れてあります。

じょうずなおりかた

わかりにくいときには「おもて」または「うら」とかいてあります。

この本《ほん》では、両面《りょうめん》に色《いろ》のついたおりがみを多《おお》くつかっていますが、うらが白《しろ》いふつうのおりがみでも、もちろん作《つく》れます。この色《いろ》のかみをつかうと、できあがりはどうなるかな…と考《かんが》えながら、すきな色《いろ》でたのしく作《つく》りましょう。

はじめからおり目《め》を入《い》れておくと、じょうずにおれます。

はじめがずれていると、なかなかきれいにできあがらないので、かどとかどは、ぴったりそろえておりましょう。

きごうの見《み》かたと

てんせんで おる

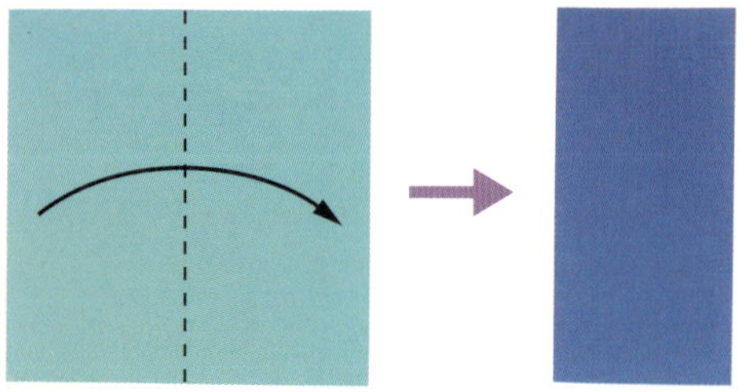

てんせんで うしろに おる

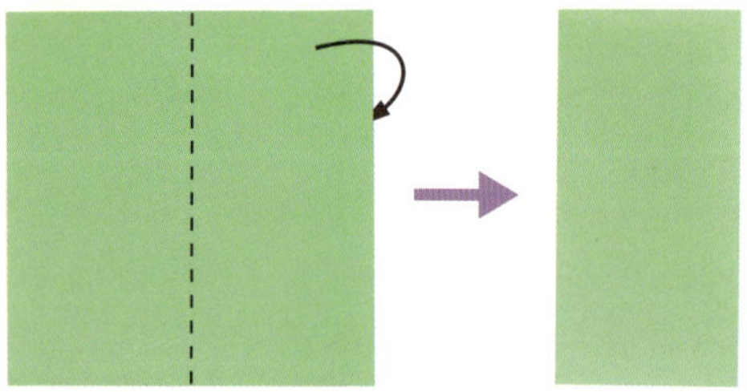

おって おり目《め》をつけて もどす

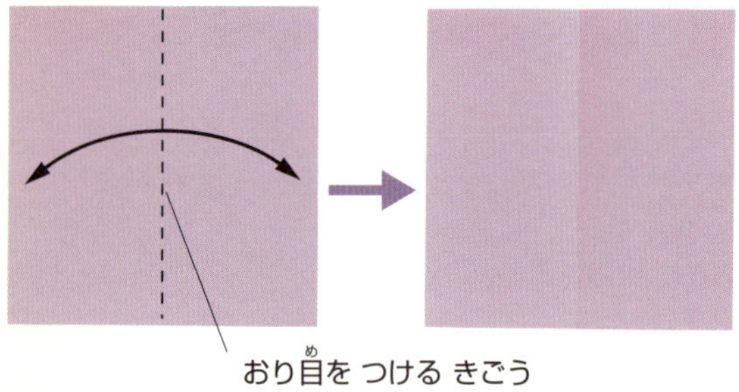
おり目《め》を つける きごう

むきを かえる

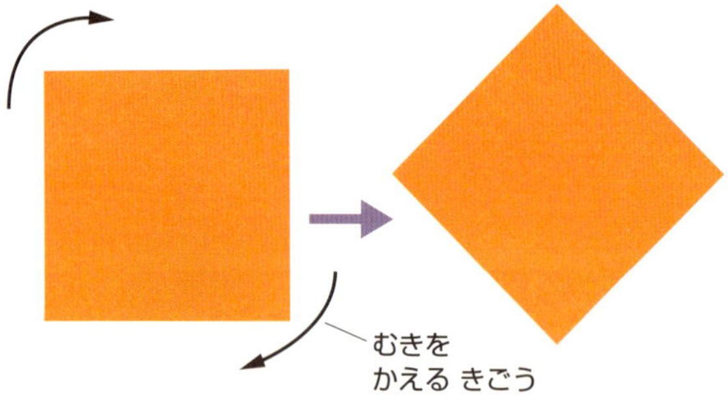
むきを
かえる きごう

うらがえす

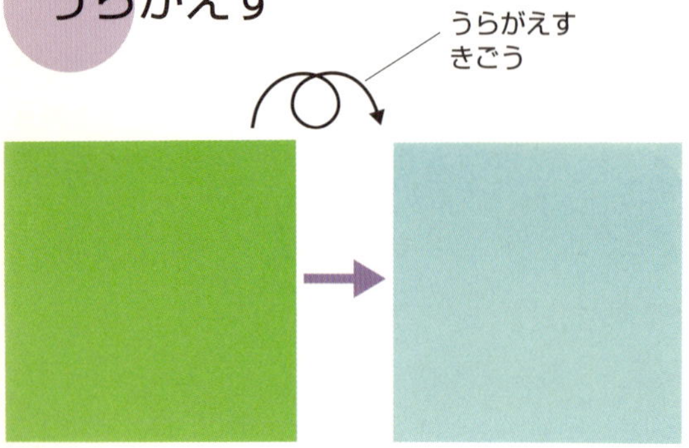
うらがえす
きごう

まくように おる

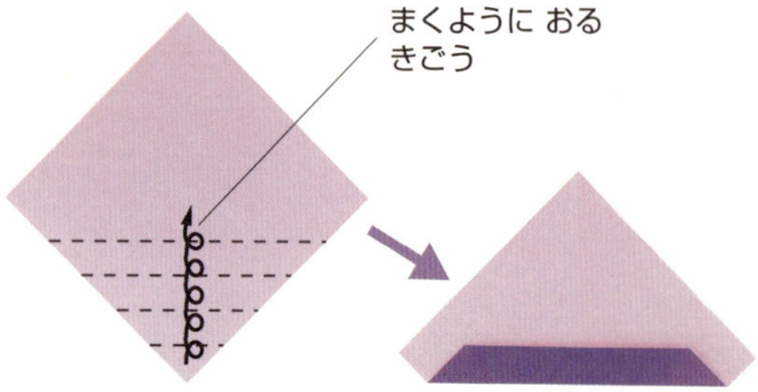
まくように おる
きごう

おりかたの きほん

てんせんで なかわりおり

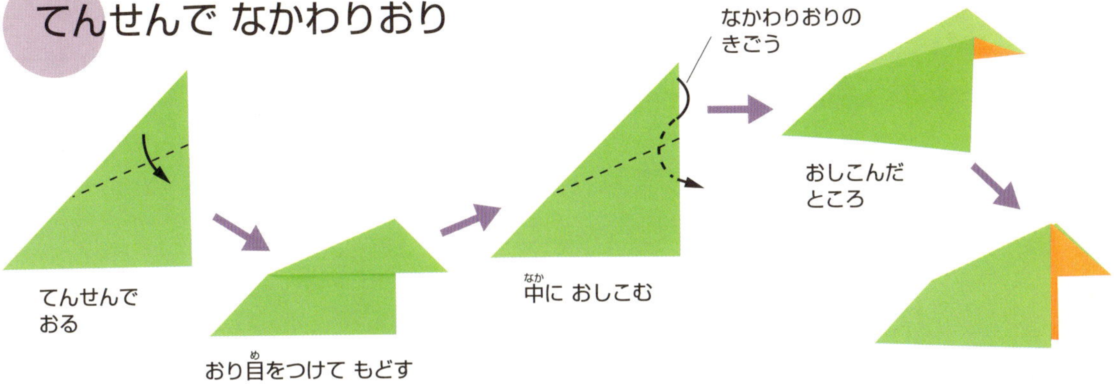
てんせんで
おる
おり目《め》をつけて もどす
中《なか》に おしこむ
なかわりおりの
きごう
おしこんだ
ところ

てんせんで かぶせおり

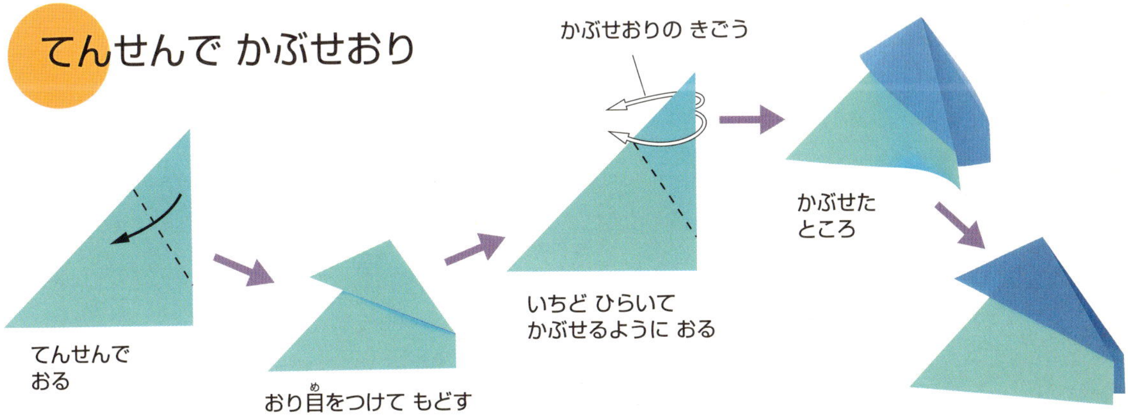
てんせんで
おる
おり目《め》をつけて もどす
いちど ひらいて
かぶせるように おる
かぶせおりの きごう
かぶせた
ところ

てんせんで だんおり

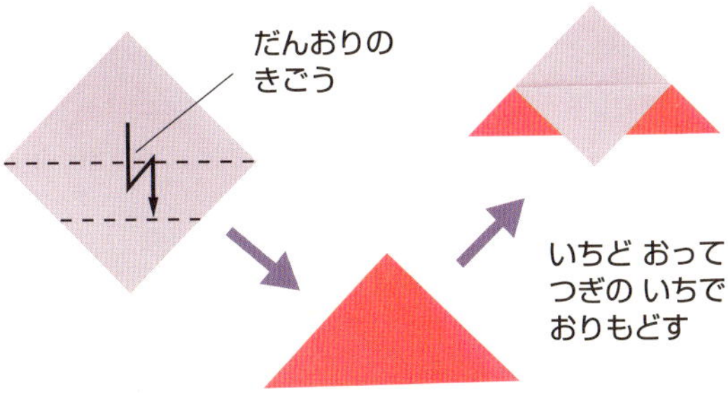
だんおりの
きごう
いちど おって
つぎの いちで
おりもどす

ふくろを ひらいて つぶす

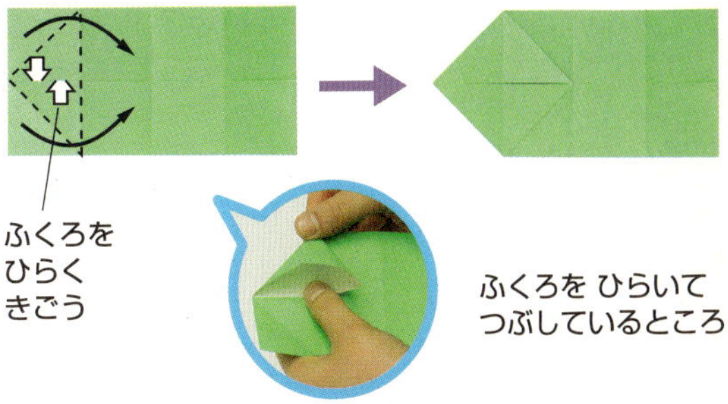
ふくろを
ひらく
きごう
ふくろを ひらいて
つぶしているところ

4ひきのかえる

レベル

かみの大きさ

15cm×15cm

1

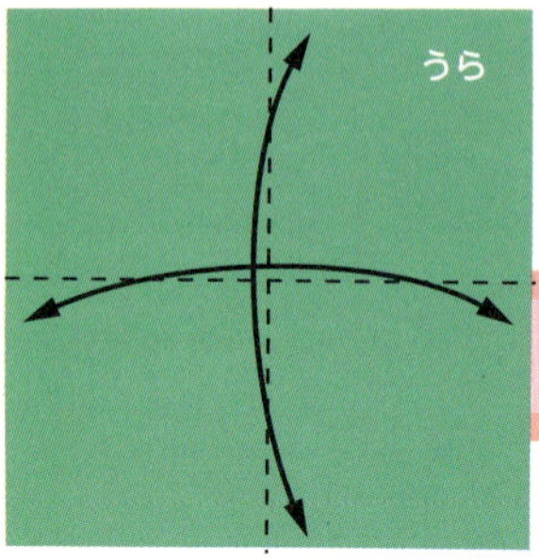

たてよこ 半分《はんぶん》に おって
おり目《め》を つけて もどす

2

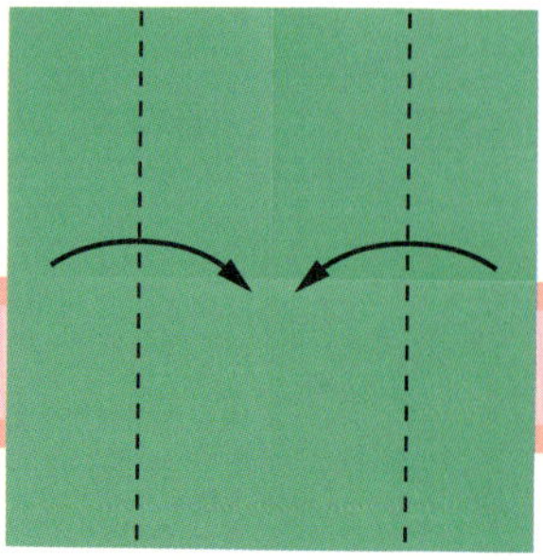

まん中《なか》に むけて
点線《てんせん》で おる

3

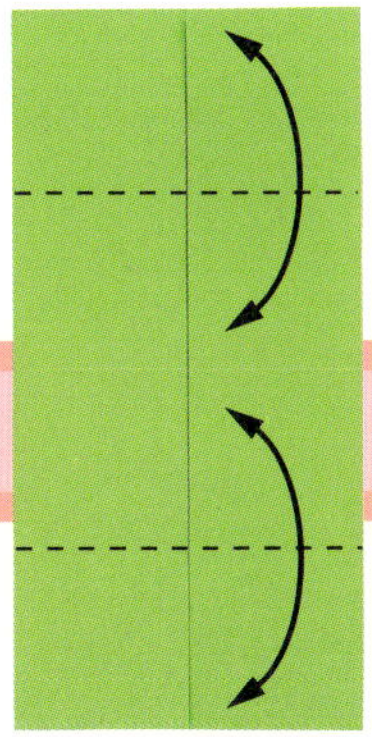

かくだい

おって
おり目《め》を
つけて もどす

4

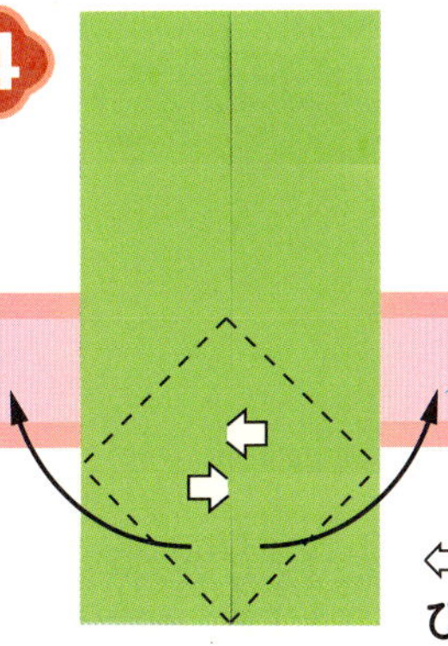

⇦から ふくろを
ひらいて つぶす

5

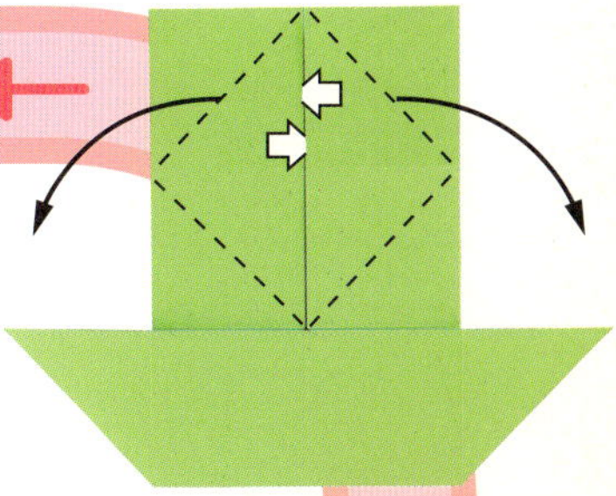

同《おな》じように
ひらいて つぶす

6

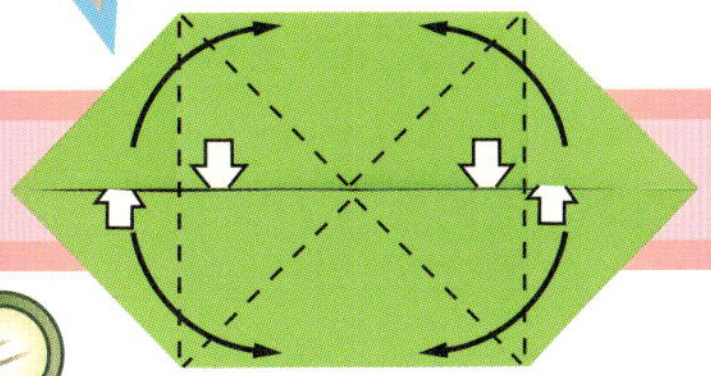

かくだい

⇧から ふくろを
ひらいて つぶす
ほかも おなじ

7

点線《てんせん》で だんおり

8

点線《てんせん》で 後《うし》ろにおる

9

できあがり

目《め》を かいて
できあがり

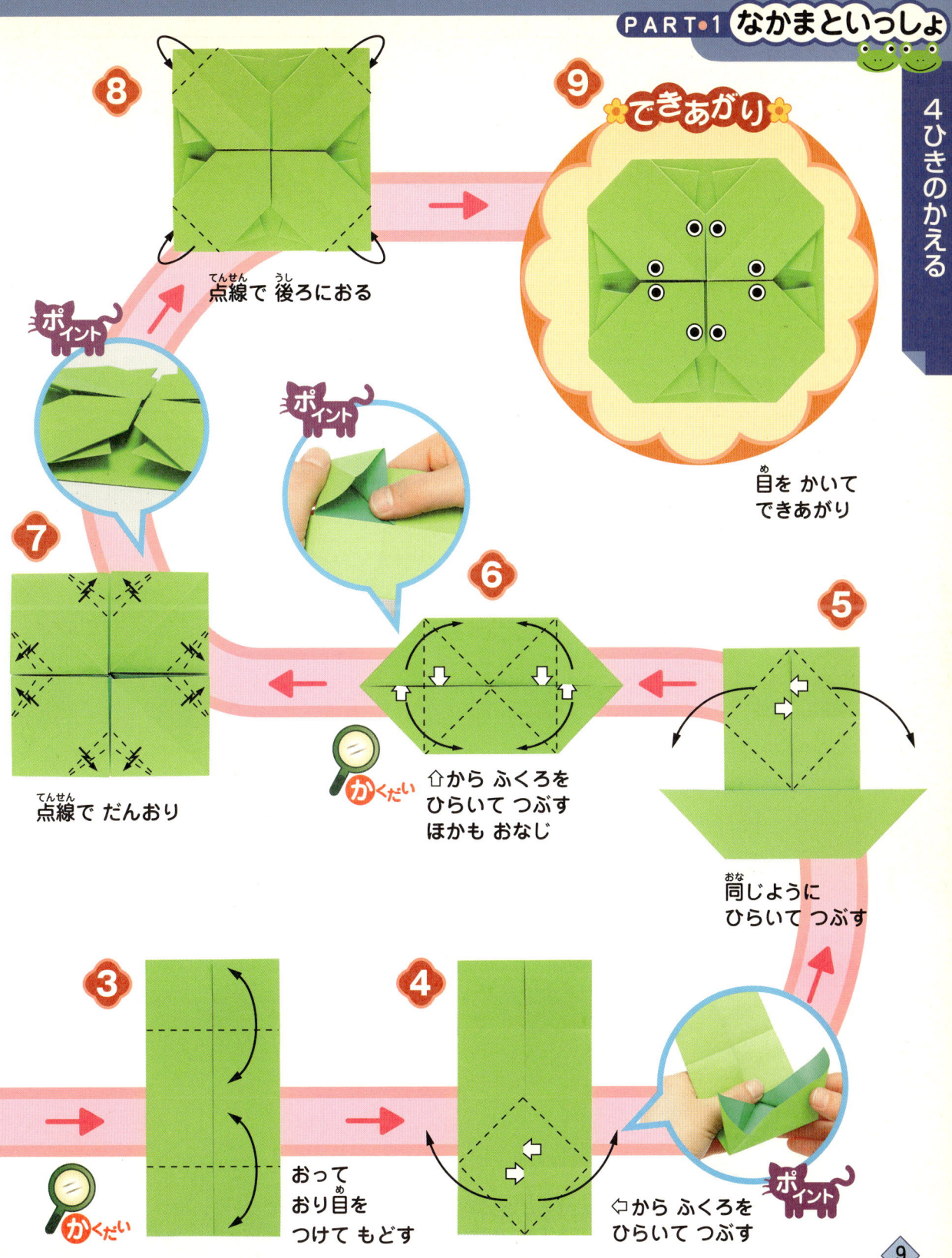

うさぎのきょうだい

レベル

かみの大《おお》きさ

15cm×15cm

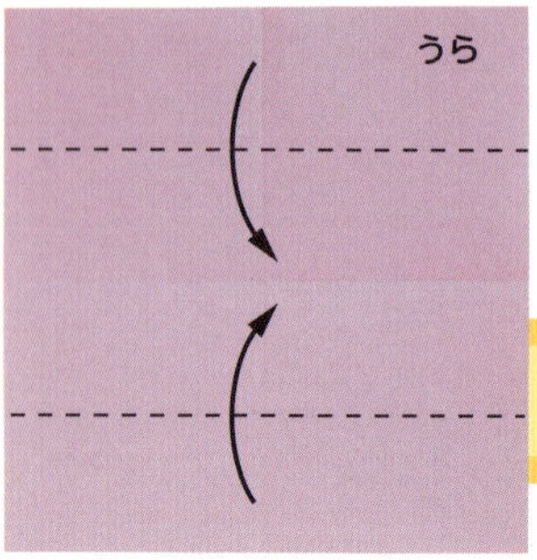

1 まん中《なか》に むけて 点線《てんせん》で おる

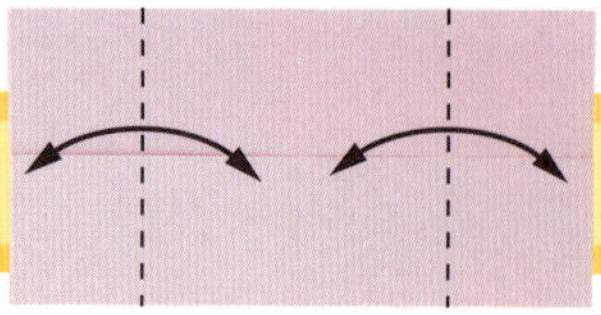

2 おって おり目《め》を つけて もどす

3 おって おり目《め》を つけて もどす

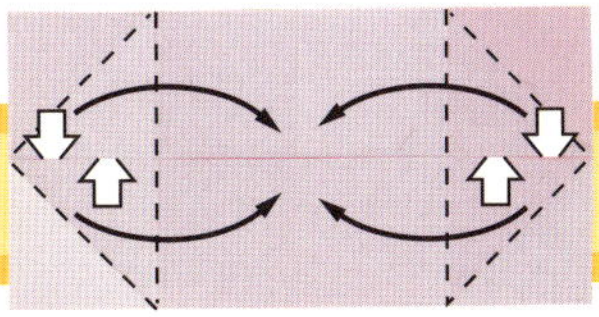

4 ⇦から ふくろを ひらいて つぶす

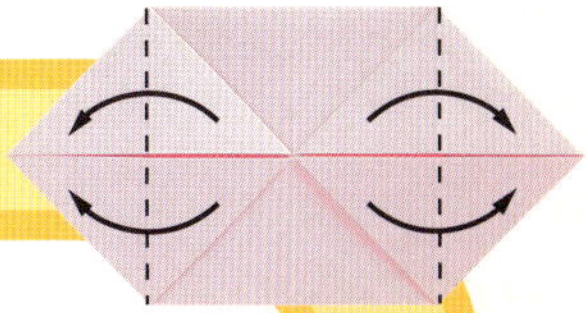

ポイント

5 点線《てんせん》で おる

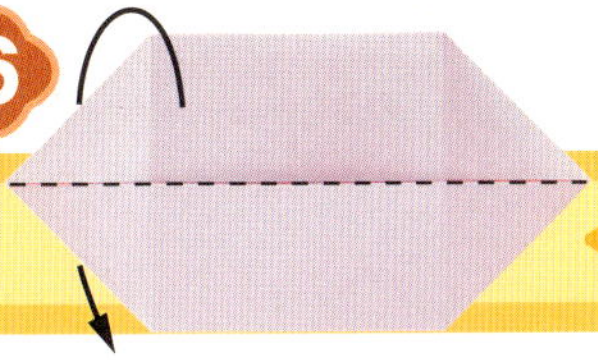

かくだい

6 後《うし》ろに 半分《はんぶん》に おる

ポイント

7 ⇦から ふくろを ひらいて つぶす

8 点線《てんせん》で おる

9 点線《てんせん》で 内《うち》がわに おる

10 うらがえす

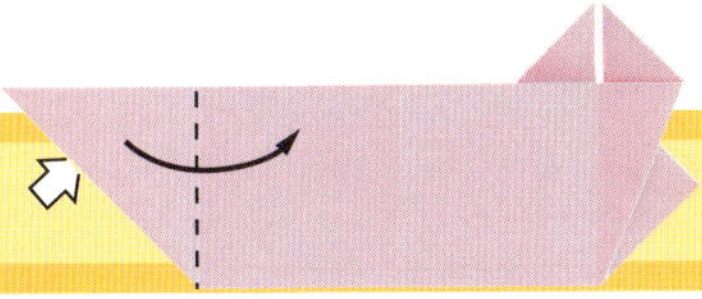

11 ⇦から ふくろを ひらいて つぶす

12 8 9と 同《おな》じように おる

13 点線《てんせん》で おる

かくだい

14 点線《てんせん》で なかわりおり

ポイント

15 できあがり

顔《かお》を かいて できあがり

くろねこといぬ

レベル

かみの大きさ

20cm×20cm

1

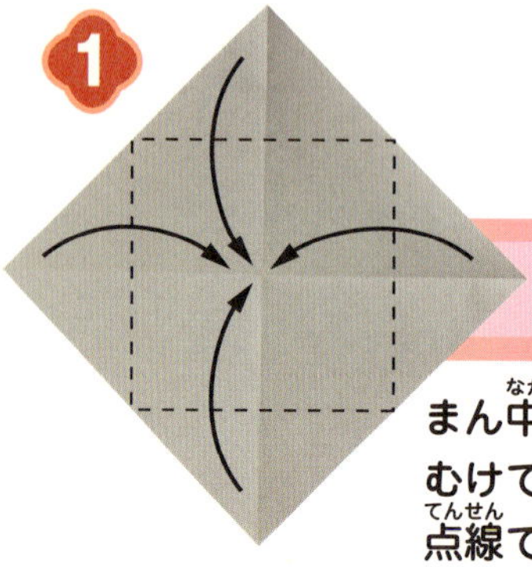

まん中《なか》に
むけて
点線《てんせん》で おる

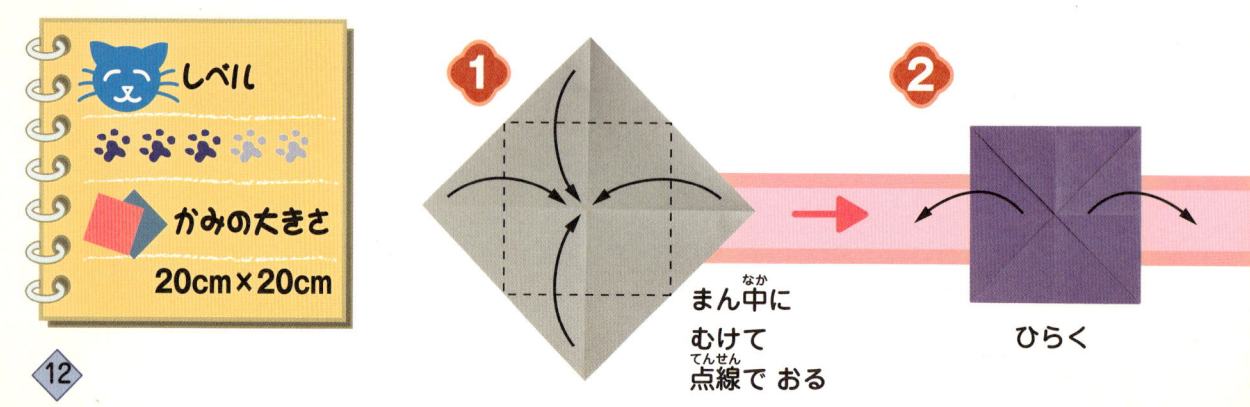

2

ひらく

くろねこといぬ

3 おって おり目《め》を つけて もどす

4 点線《てんせん》で おる

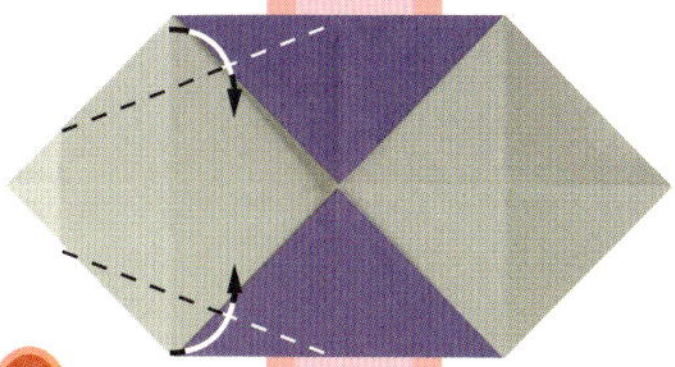

5 半分《はんぶん》に おる

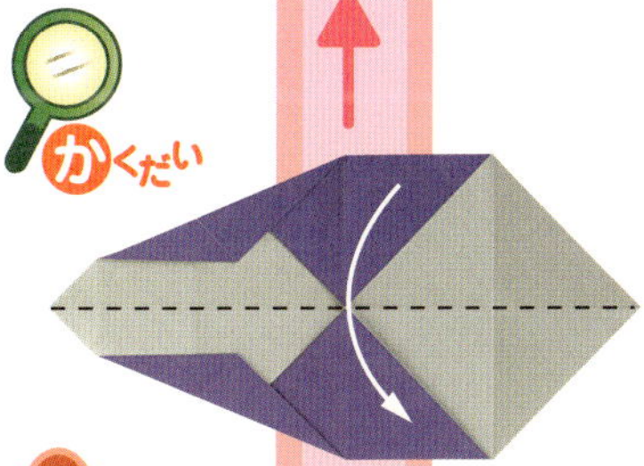

6 点線《てんせん》で かぶせおり

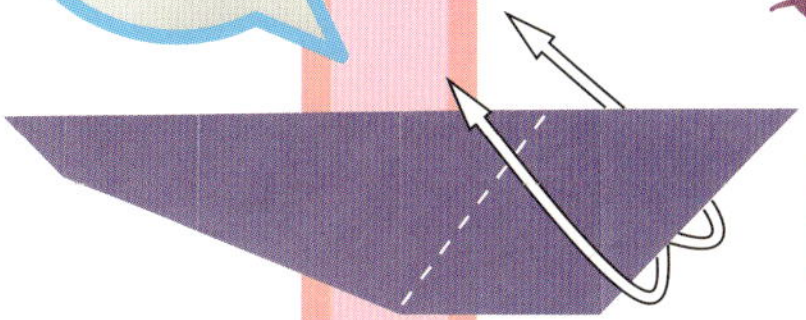

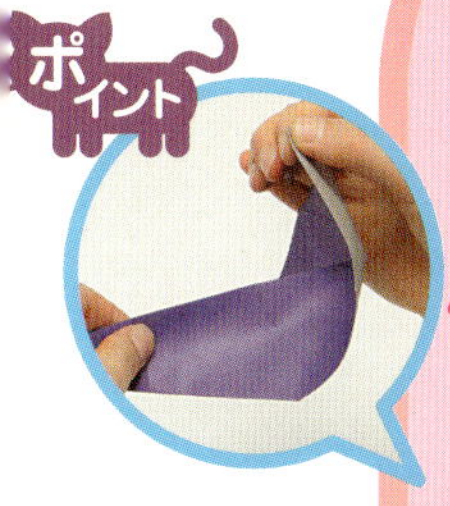

7 むきを かえる

8 ⇨から ふくろを ひらいて つぶす

9 点線《てんせん》で おる

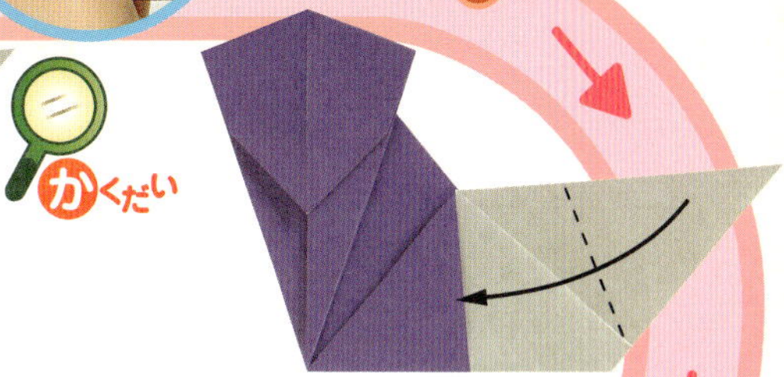

10 点線《てんせん》で だんおり

11 点線《てんせん》で だんおり

12 点線《てんせん》で なかわりおり

13 ⇩から ふくろを ひらいて つぶす

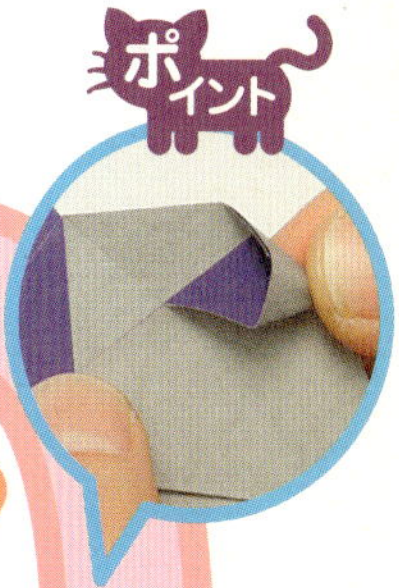

14 顔《かお》を かいて できあがり

ぶたのきょうだい

しベル

かみの大きさ
18cm×18cm

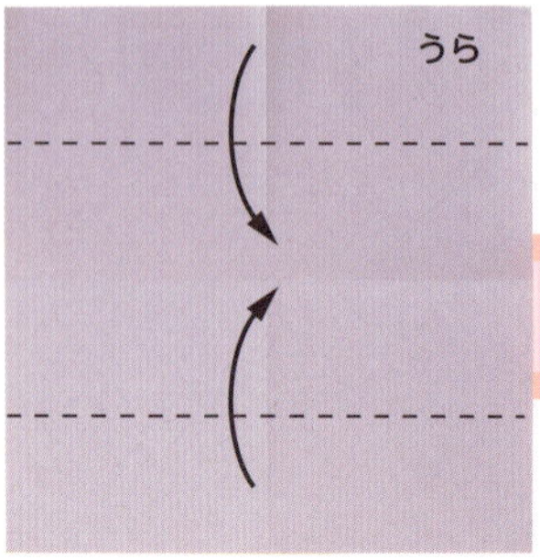

1 まん中《なか》に むけて 点線《てんせん》で おる

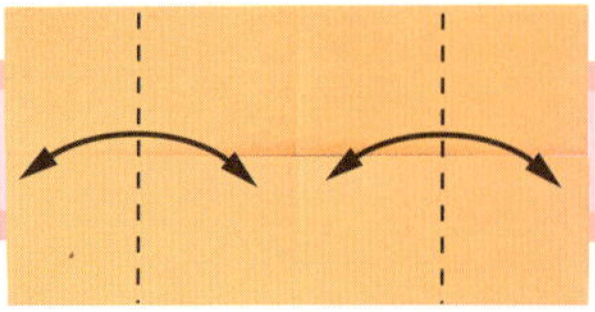

2 おって おり目《め》を
つけて もどす

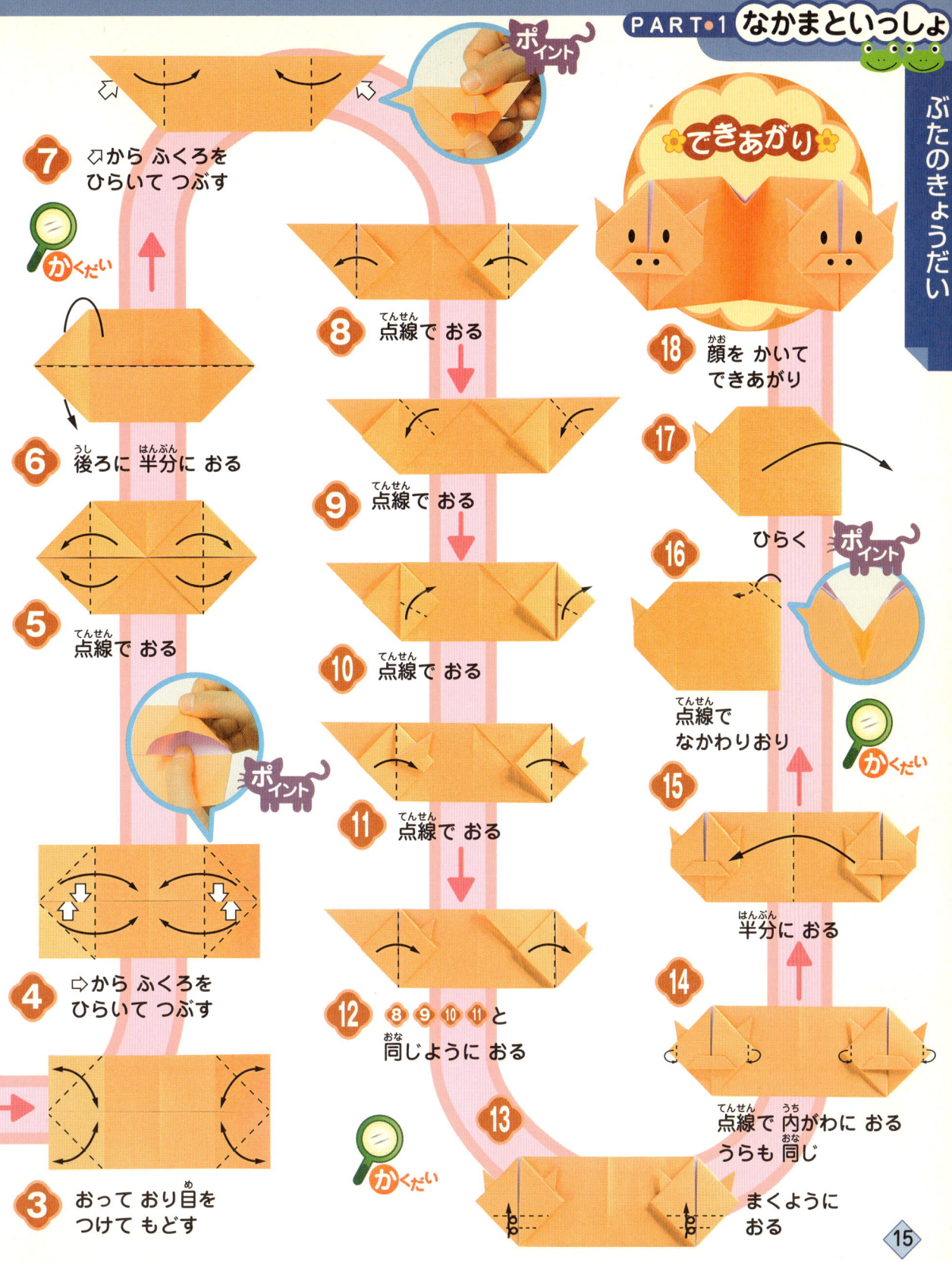

3 おって おり目《め》を つけて もどす

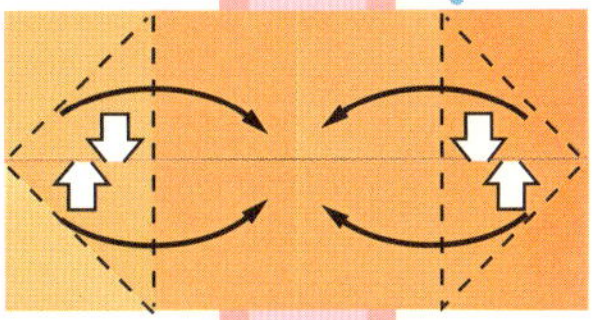

4 ⇨から ふくろを ひらいて つぶす

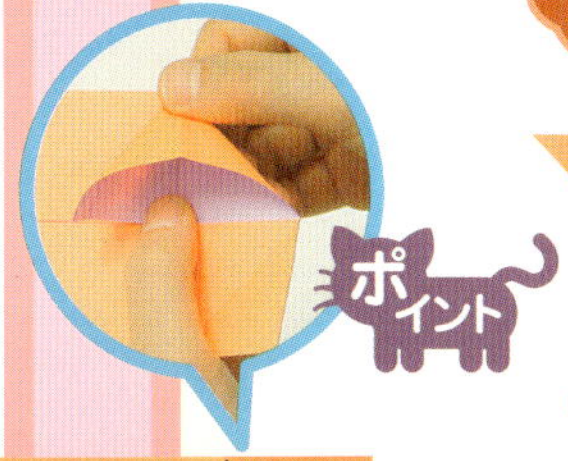

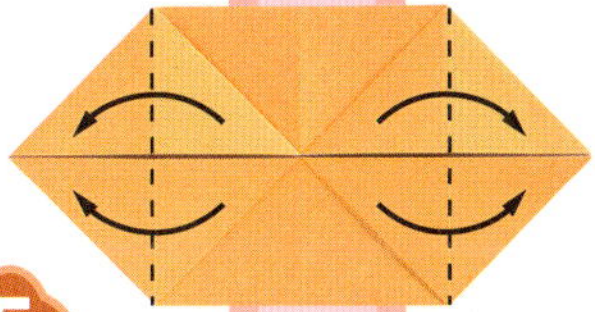

5 点線《てんせん》で おる

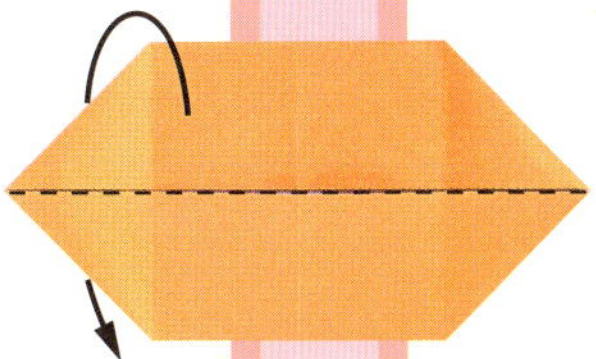

6 後《うし》ろに 半分《はんぶん》に おる

かくだい

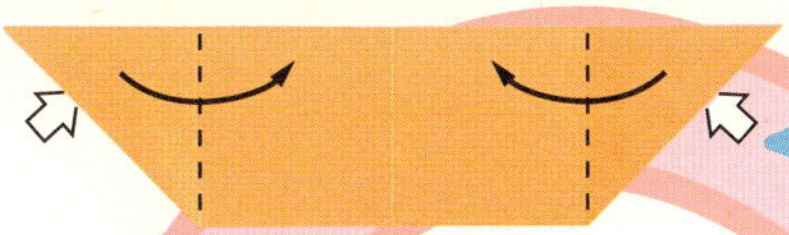

7 ⇦から ふくろを ひらいて つぶす

8 点線《てんせん》で おる

9 点線《てんせん》で おる

10 点線《てんせん》で おる

11 点線《てんせん》で おる

12 8 9 10 11と 同《おな》じように おる

かくだい

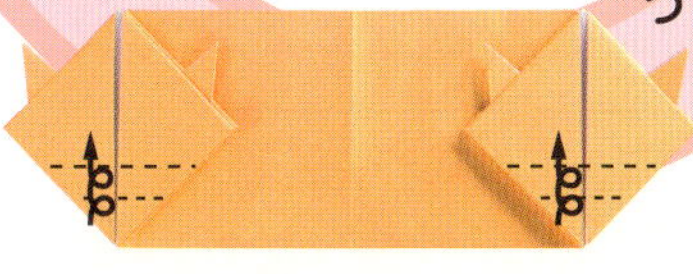

13 まくように おる

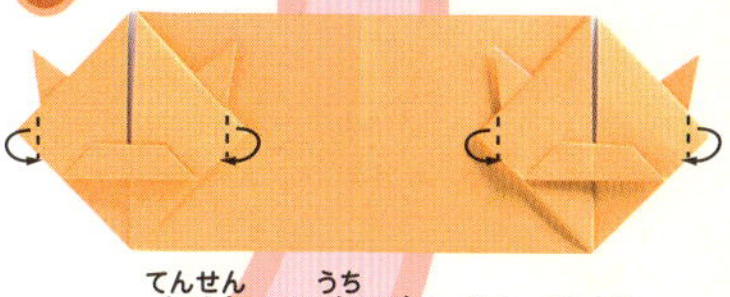

14 点線《てんせん》で 内《うち》がわに おる うらも 同《おな》じ

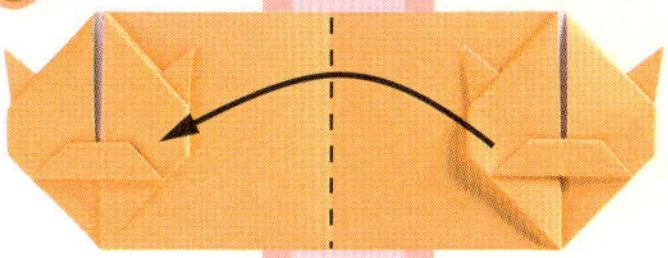

15 半分《はんぶん》に おる

かくだい

16 点線《てんせん》で なかわりおり

17 ひらく

18 顔《かお》を かいて できあがり

うさぎとかめ

レベル

かみの大きさ

15cm×15cm

「ぶたのきょうだい」
(14ページ)の❷まで
おってからはじめます

1

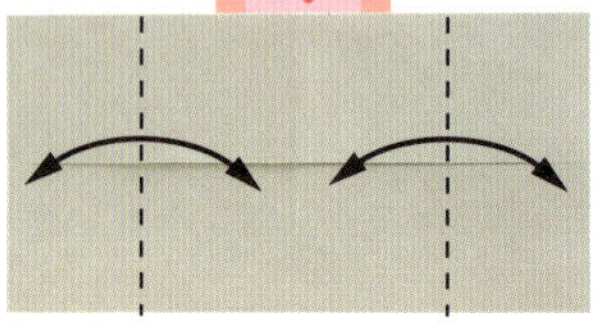

おって おり目《め》を つけて もどす

2

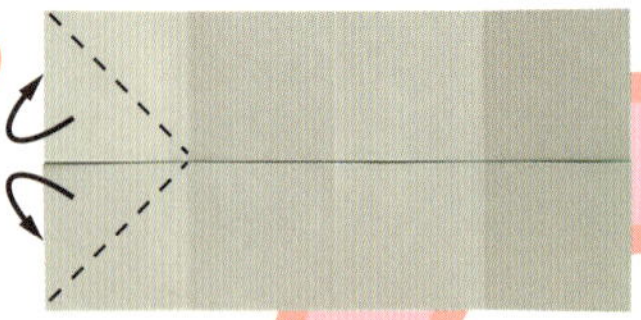

点線《てんせん》で 内《うち》がわに おる

3

点線《てんせん》で 後《うし》ろに おる

4

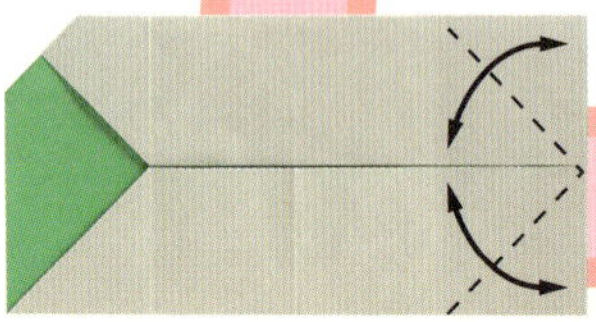

おって おり目《め》を つけて もどす

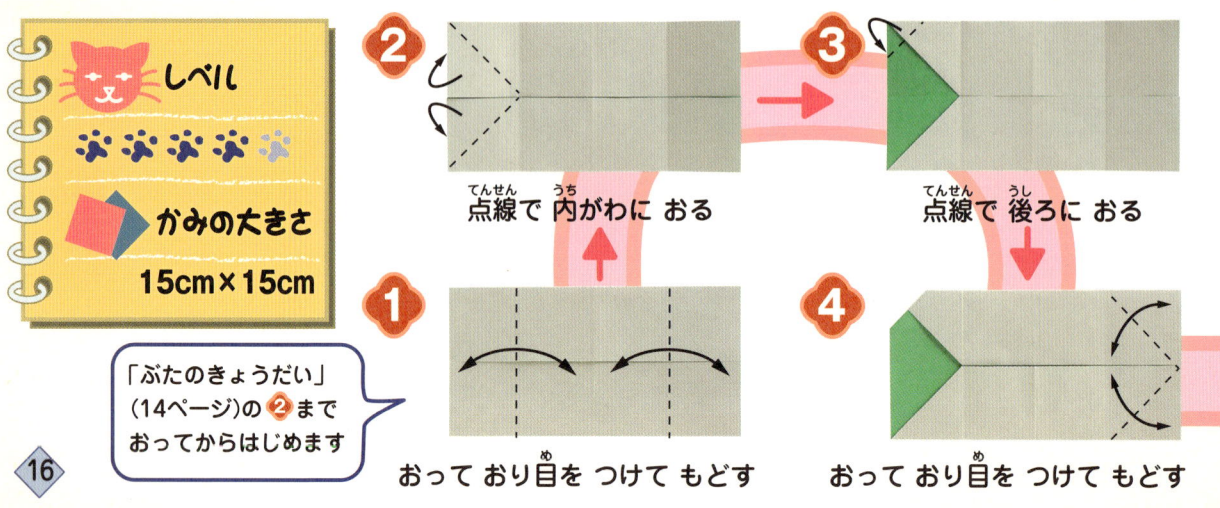

5

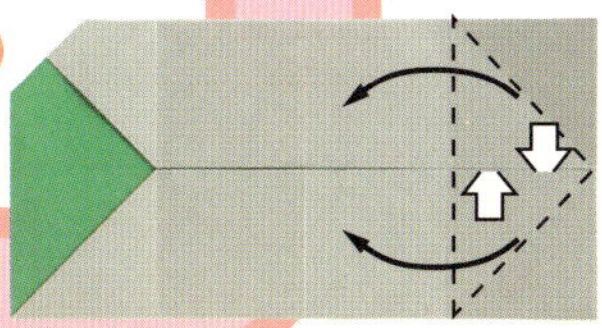

⇧から ふくろを ひらいて つぶす

6

点線《てんせん》で おる

7

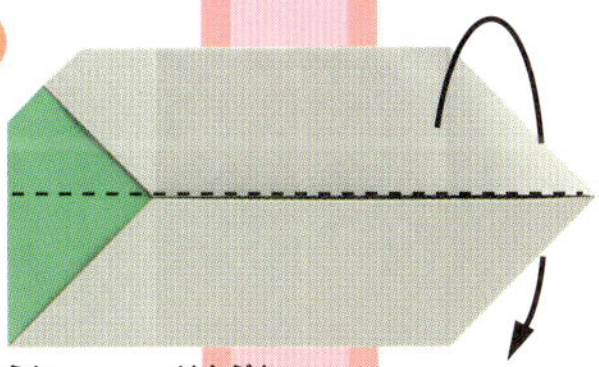

後《うし》ろに 半分《はんぶん》に おる

8

⇩から ふくろを ひらいて つぶす

点線《てんせん》で おる

9

10

点線《てんせん》で 内《うち》がわ に おる

11

点線《てんせん》で おる

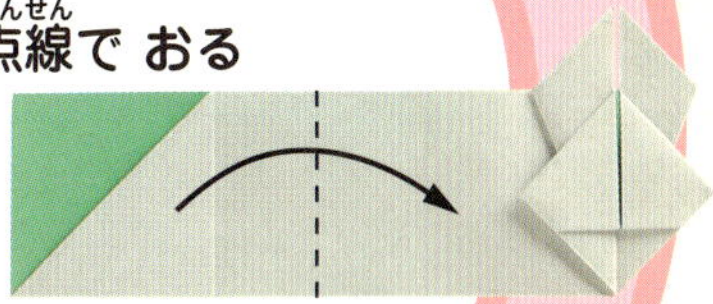

12

⇩から ふくろを ひらいて つぶす

13

点線《てんせん》で かぶせおり

14

点線《てんせん》で なかわり おり

15

点線《てんせん》で 内《うち》がわに おる

16

顔《かお》と もようを かいて できあがり

2ひきのイルカ

レベル

かみの大《おお》きさ
15cm×15cm

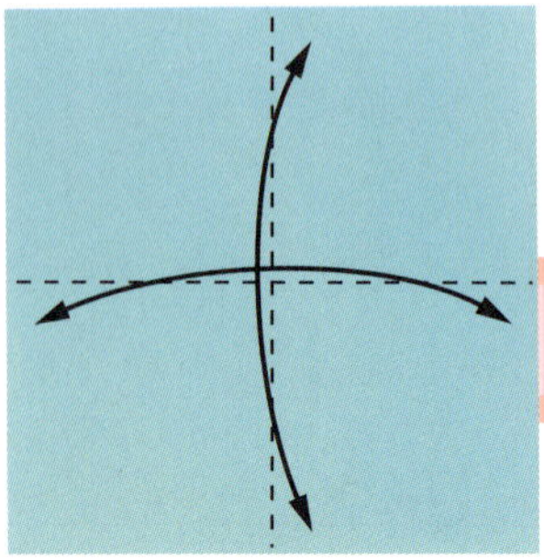

❶ たてよこ 半分《はんぶん》に おって
おり目《め》を つけて もどす

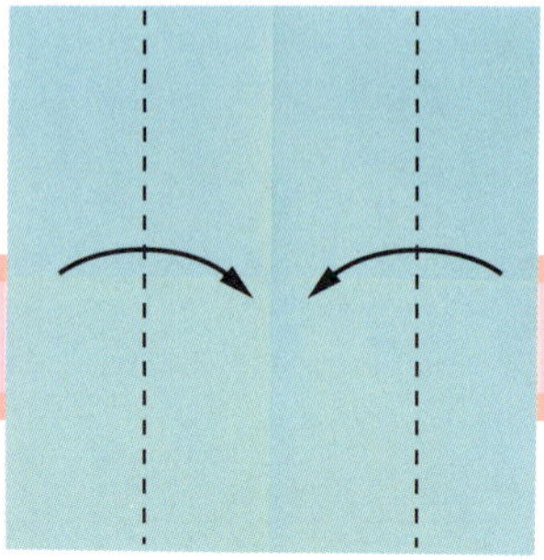

❷ まん中《なか》に むけて
点線《てんせん》で おる

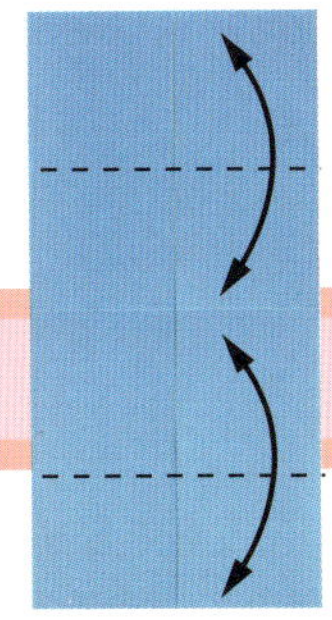

3 おって おり目《め》を つけて もどす

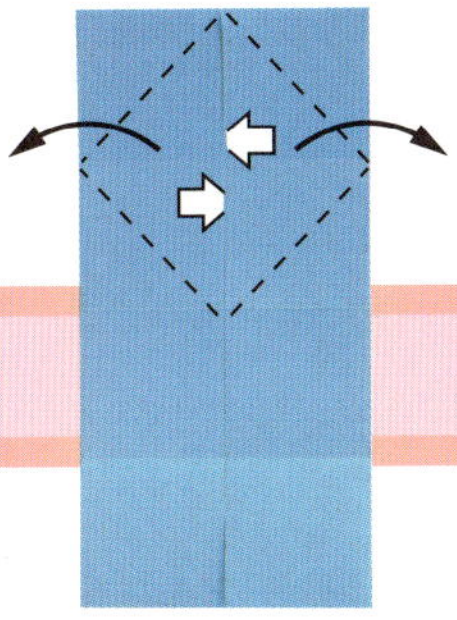

4 ⇦から ふくろを ひらいて つぶす

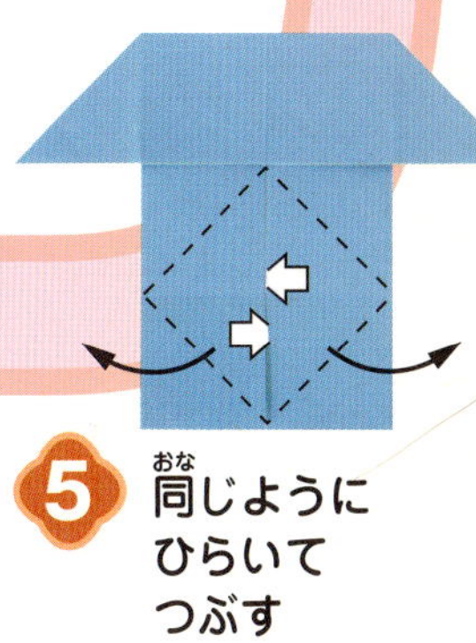

5 同《おな》じように ひらいて つぶす

かくだい

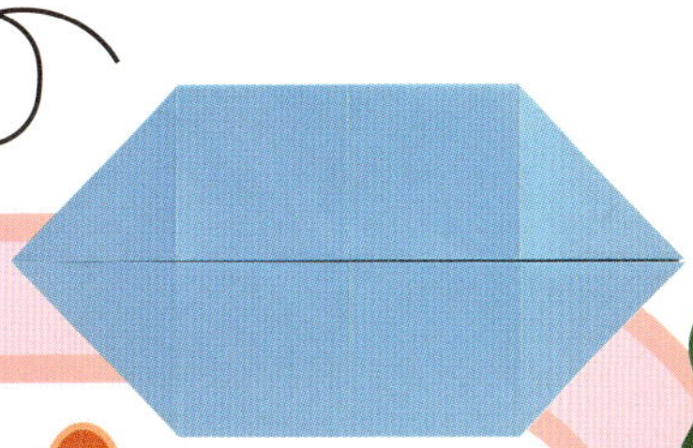

6 うらがえす

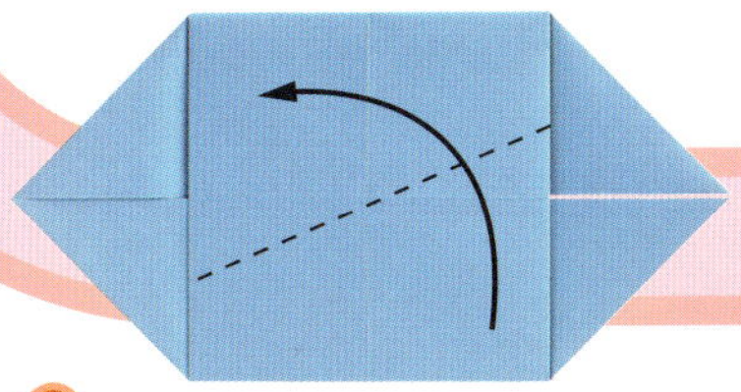

7 ななめに おる

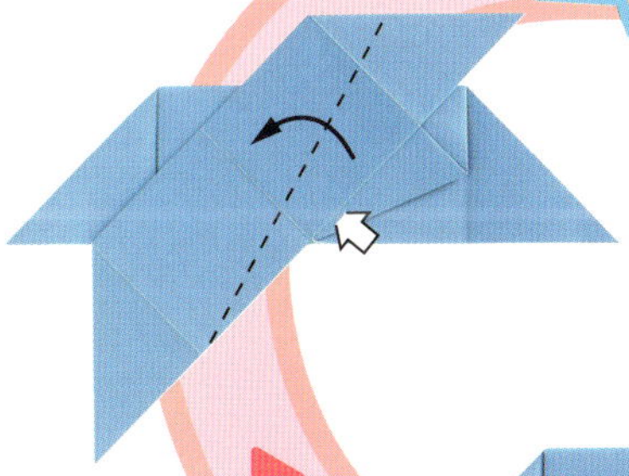

8 ⇦から ふくろを ひらいて つぶす

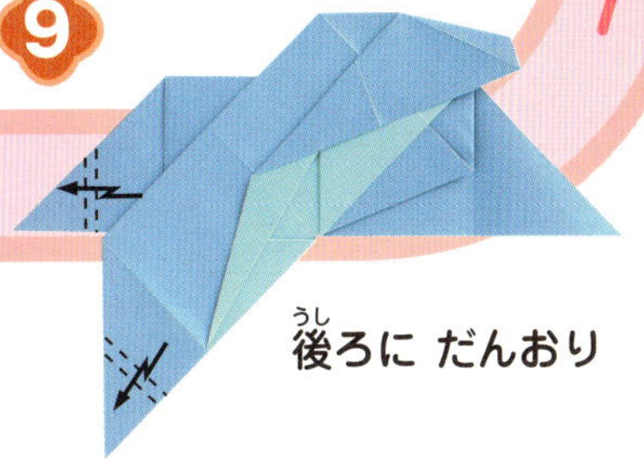

9 後《うし》ろに だんおり

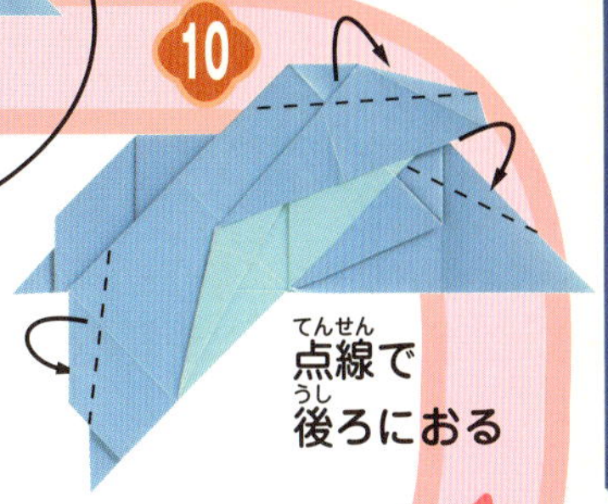

10 点線《てんせん》で 後《うし》ろにおる

11 むきを かえる

できあがり

目《め》を かいて できあがり

12

くまと しろくま

レベル

かみの大きさ

15cm×15cm

1

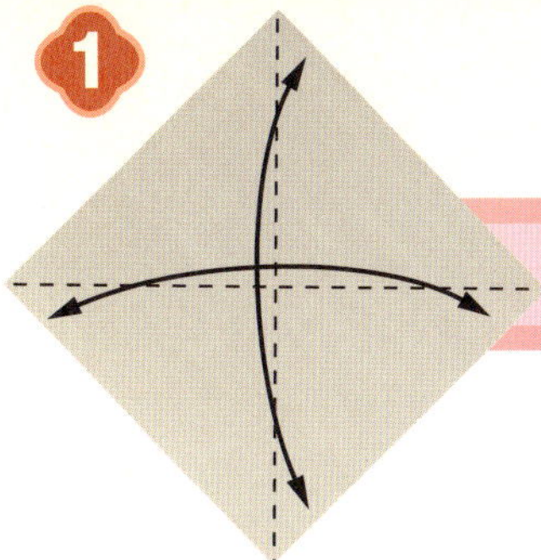

たてよこ 半分《はんぶん》に おって
おり目《め》を つけて もどす

2

まん中《なか》に むけて
点線《てんせん》で おる

3

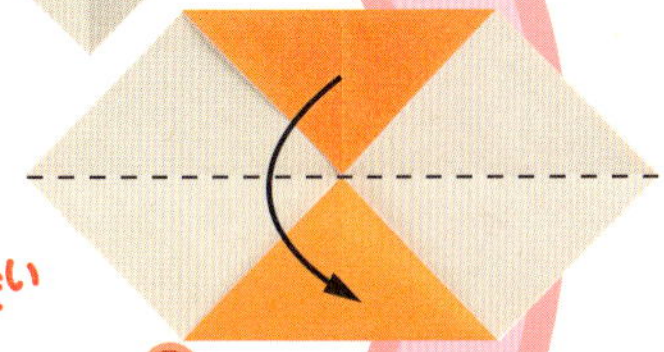

半分《はんぶん》に おる

かくだい

ポイント

4

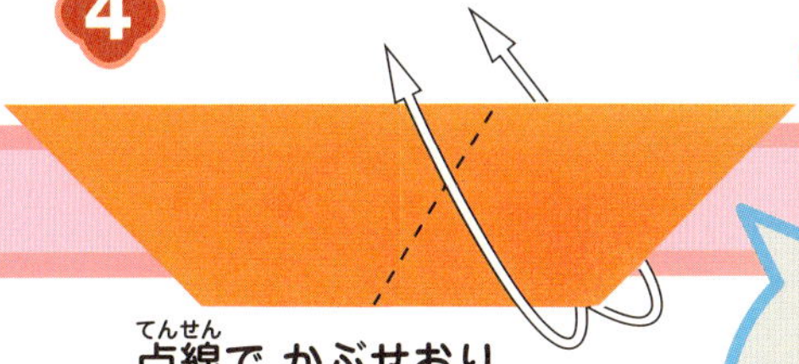

点線《てんせん》で かぶせおり

5

むきを かえる

6

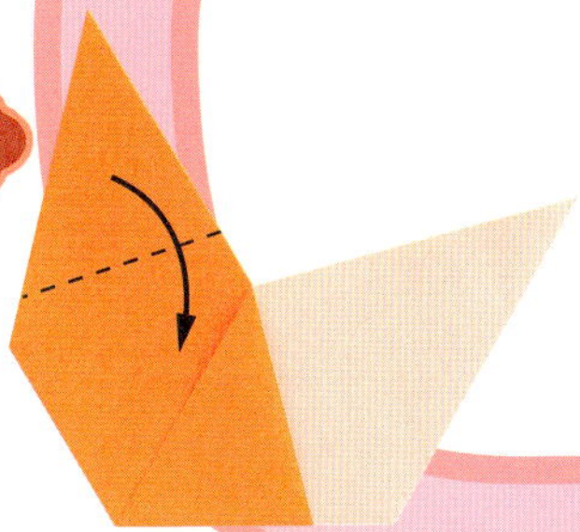

点線《てんせん》で おる

ポイント

7

点線《てんせん》で
かぶせおり

8

点線《てんせん》で おる

かくだい

9

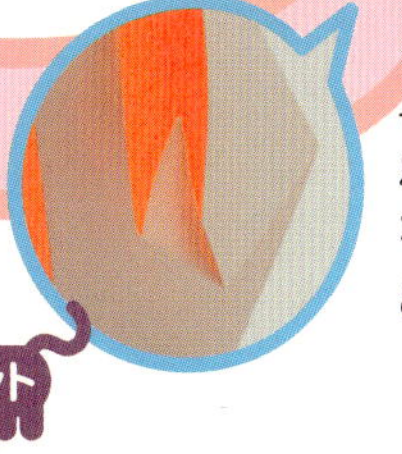

ポイント

点線《てんせん》で
なかわり
おり

10

点線《てんせん》で おる

11

できあがり

顔《かお》を かいて
できあがり

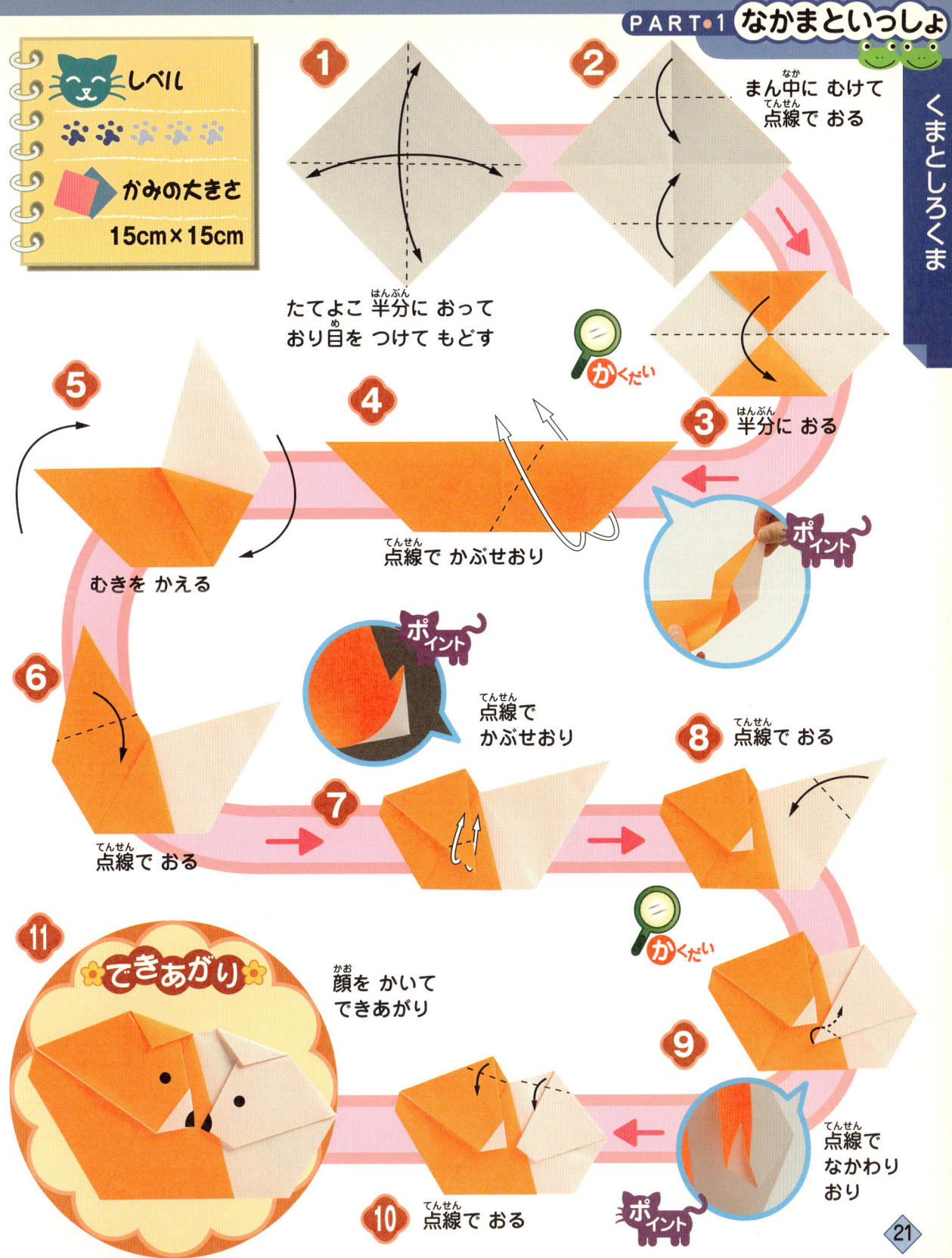

6ぴきのかめ

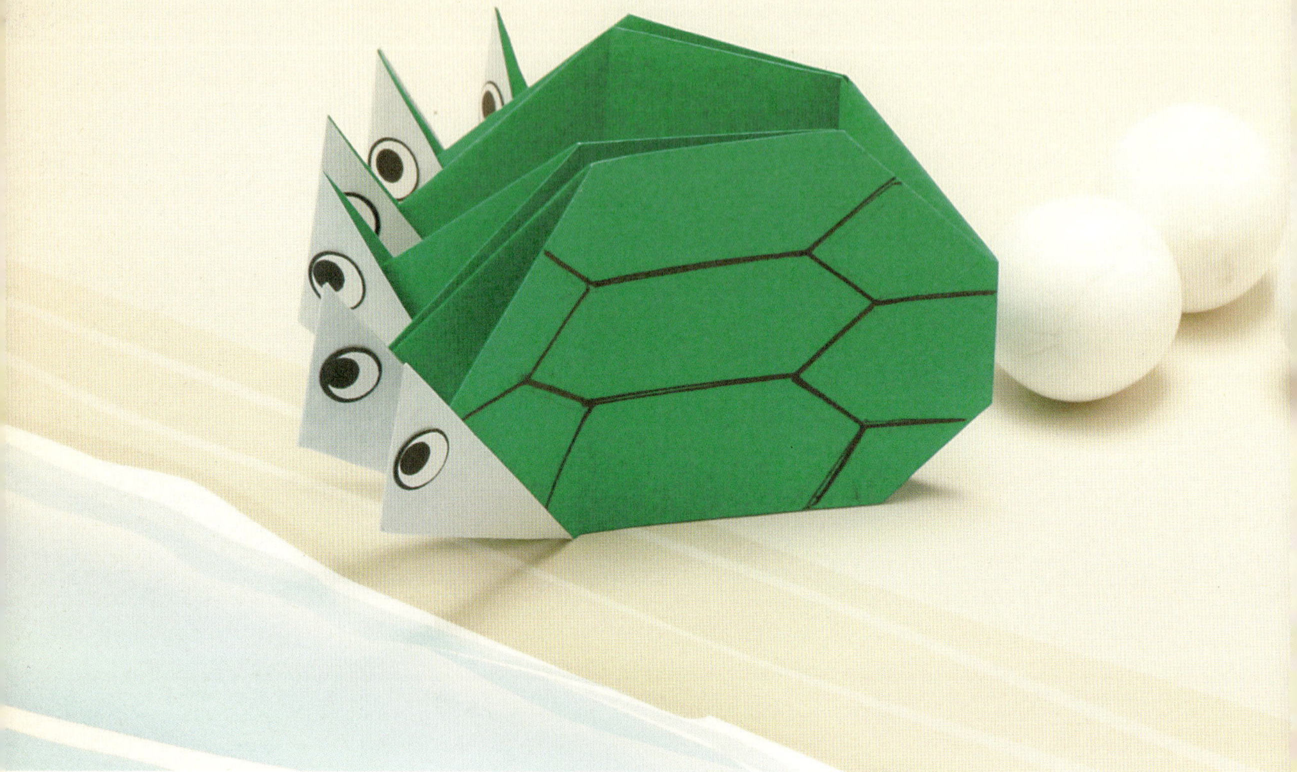

レベル

かみの大《おお》きさ

15cm×15cm

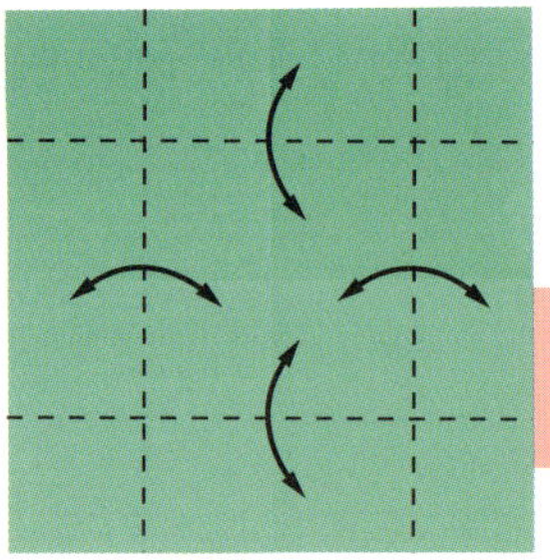

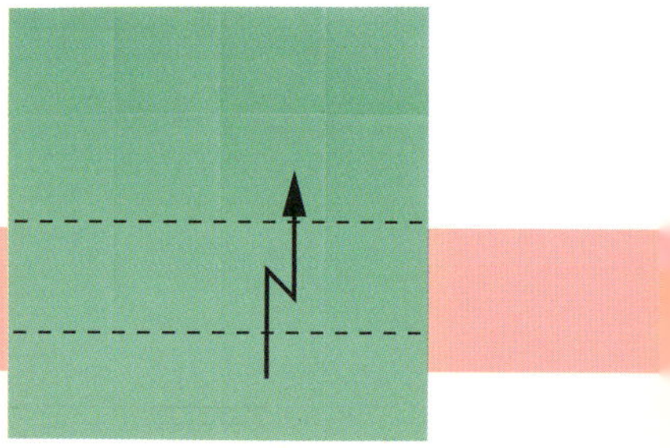

1 まん中《なか》に むけて おって
おり目《め》を つけて もどす

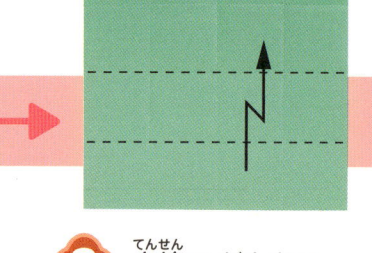

2 点線《てんせん》で だんおり

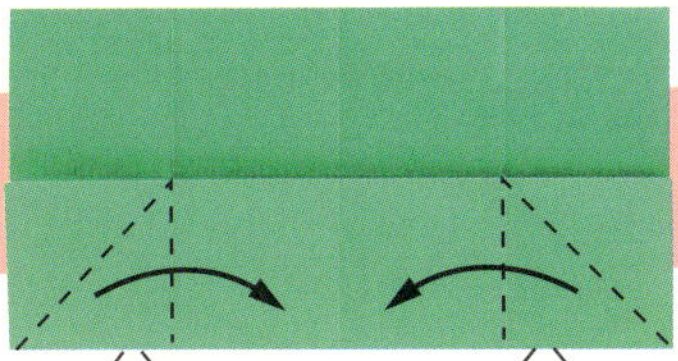

3 ⇨から ふくろを ひらいて つぶす

ポイント

4 点線《てんせん》で おる

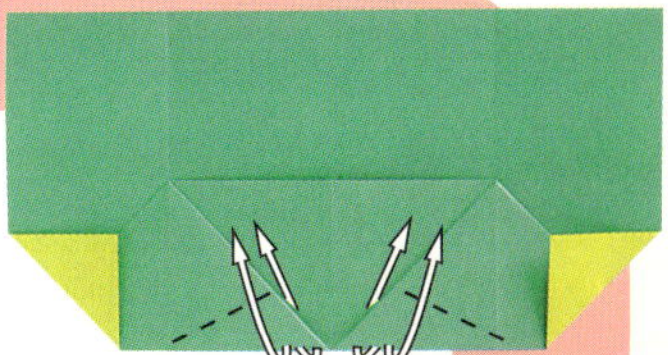

5 点線《てんせん》で かぶせおり

ポイント

6 点線《てんせん》で おる

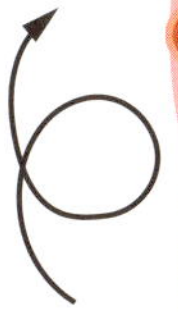

7 うらがえす

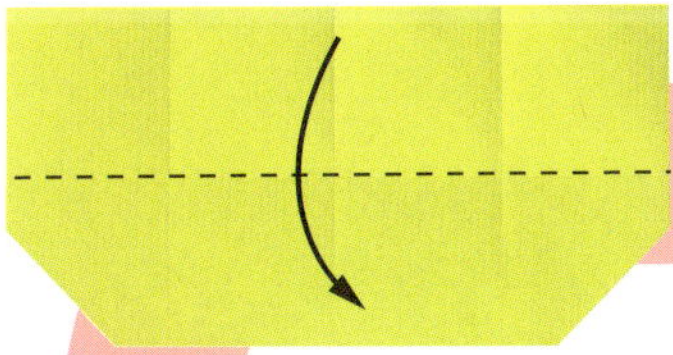

8 点線《てんせん》で おる

かくだい

9 ⇨から ふくろを ひらいて つぶす

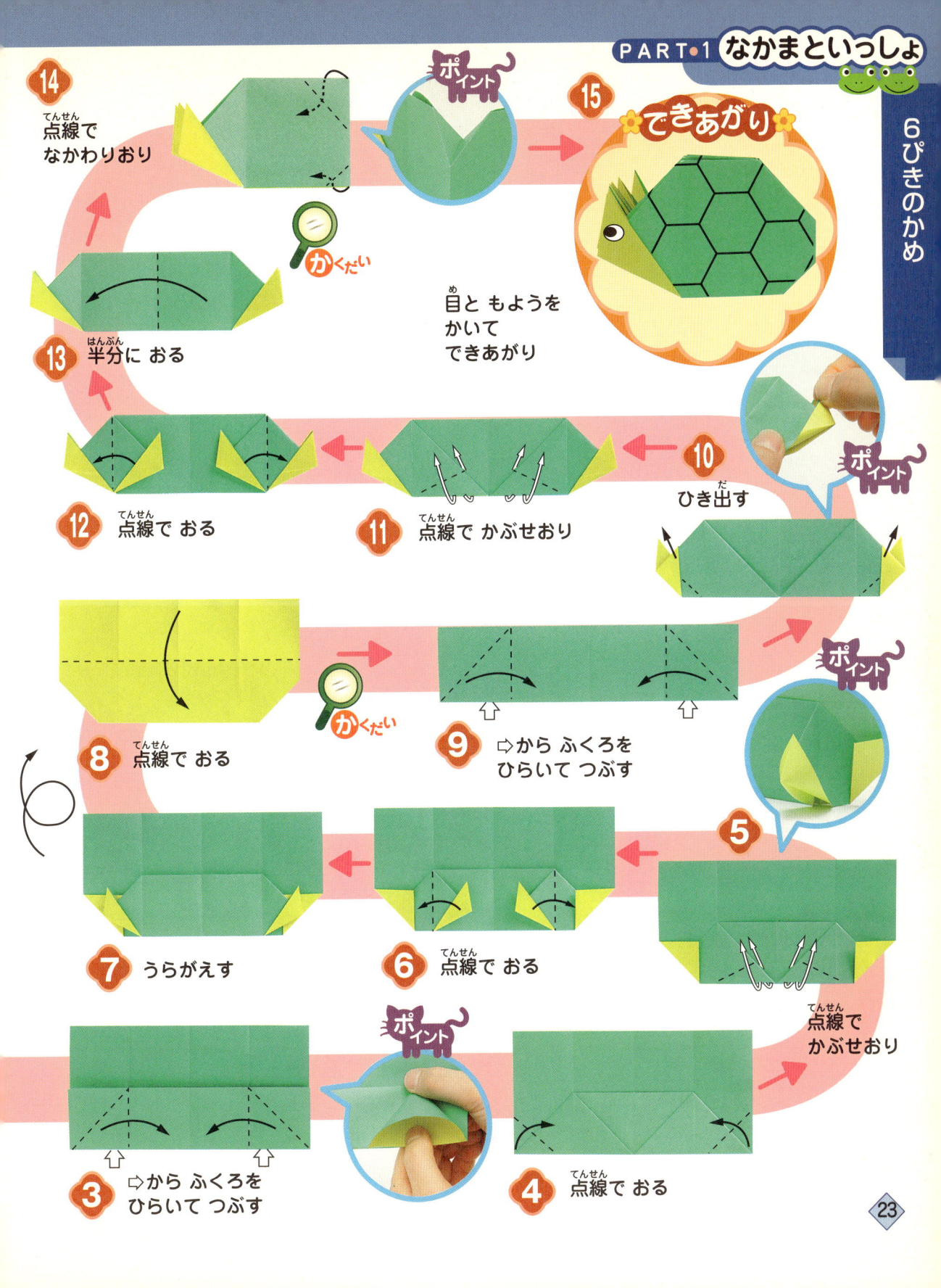

10 ひき出《だ》す

ポイント

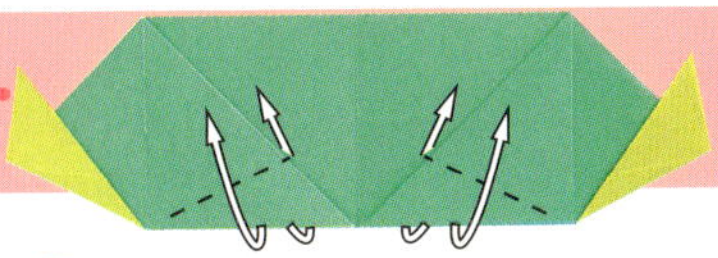

11 点線《てんせん》で かぶせおり

12 点線《てんせん》で おる

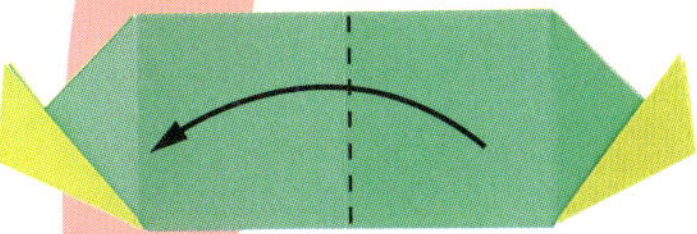

13 半分《はんぶん》に おる

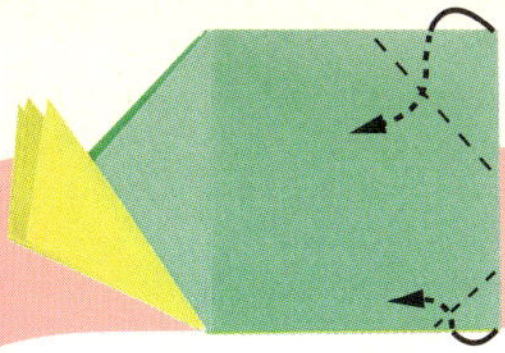

14 点線《てんせん》で なかわりおり

かくだい

ポイント

15 できあがり

目《め》と もようを かいて できあがり

ぞうにのる さる

レベル

かみの大きさ

15cm×15cm

1

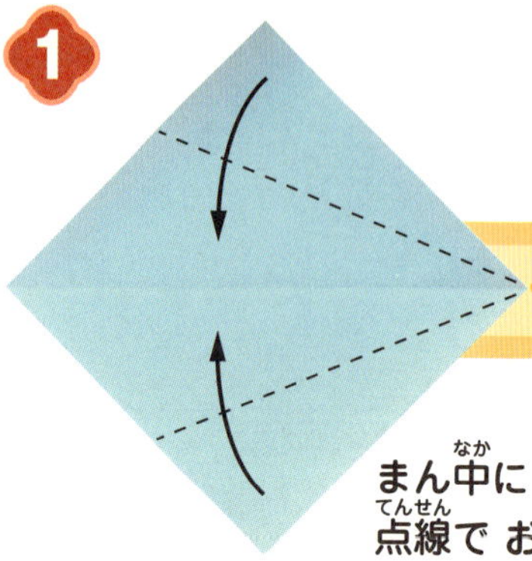

まん中《なか》に むけて 点線《てんせん》で おる

2

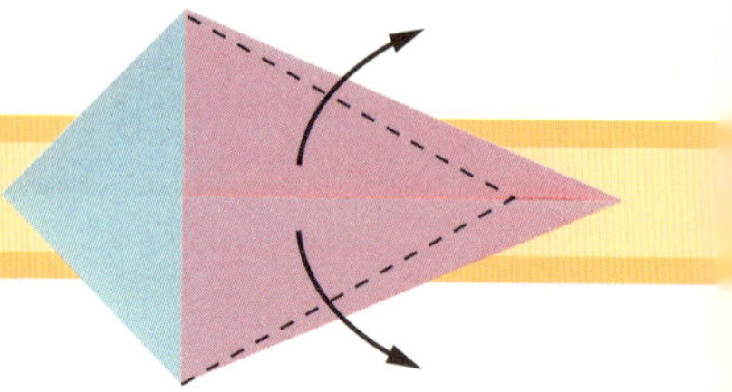

点線《てんせん》で おる

3

うらがえす

4

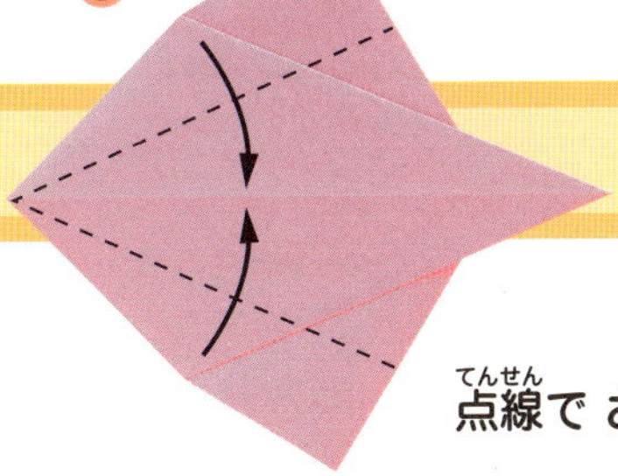

点線《てんせん》で おる

5

点線《てんせん》で おる

6 半分《はんぶん》に おる

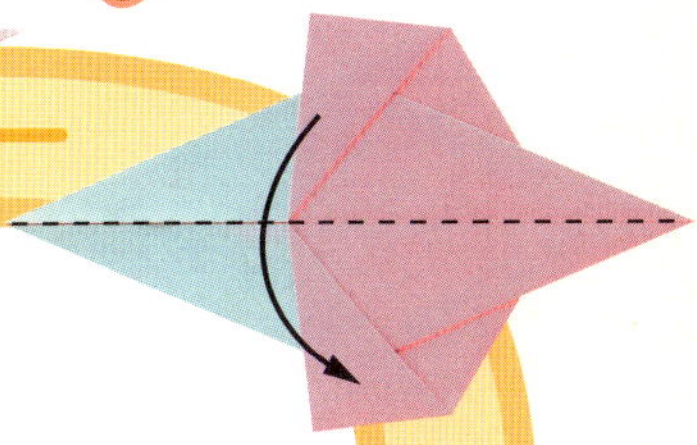

かくだい

7 点線《てんせん》で かぶせおり

かくだい

8

点線《てんせん》で
かぶせおり

9

点線《てんせん》で なかわりおり

10

点線《てんせん》で かぶせおり

11

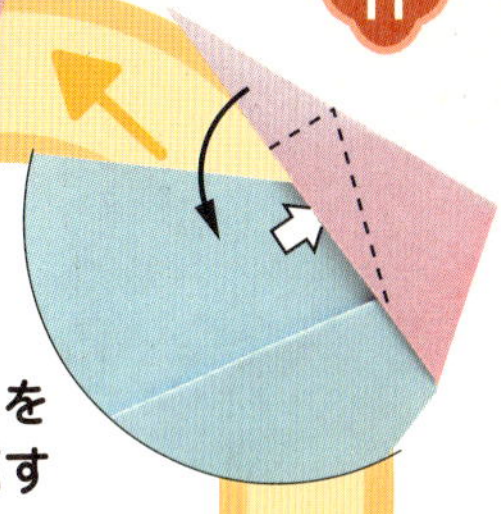

⇨から ふくろを
ひらいて つぶす

12 後《うし》ろに だんおり

13 点線《てんせん》で
内《うち》がわに おる

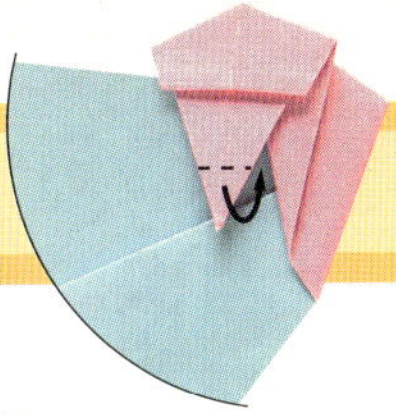

14 顔《かお》を かいて
できあがり

できあがり

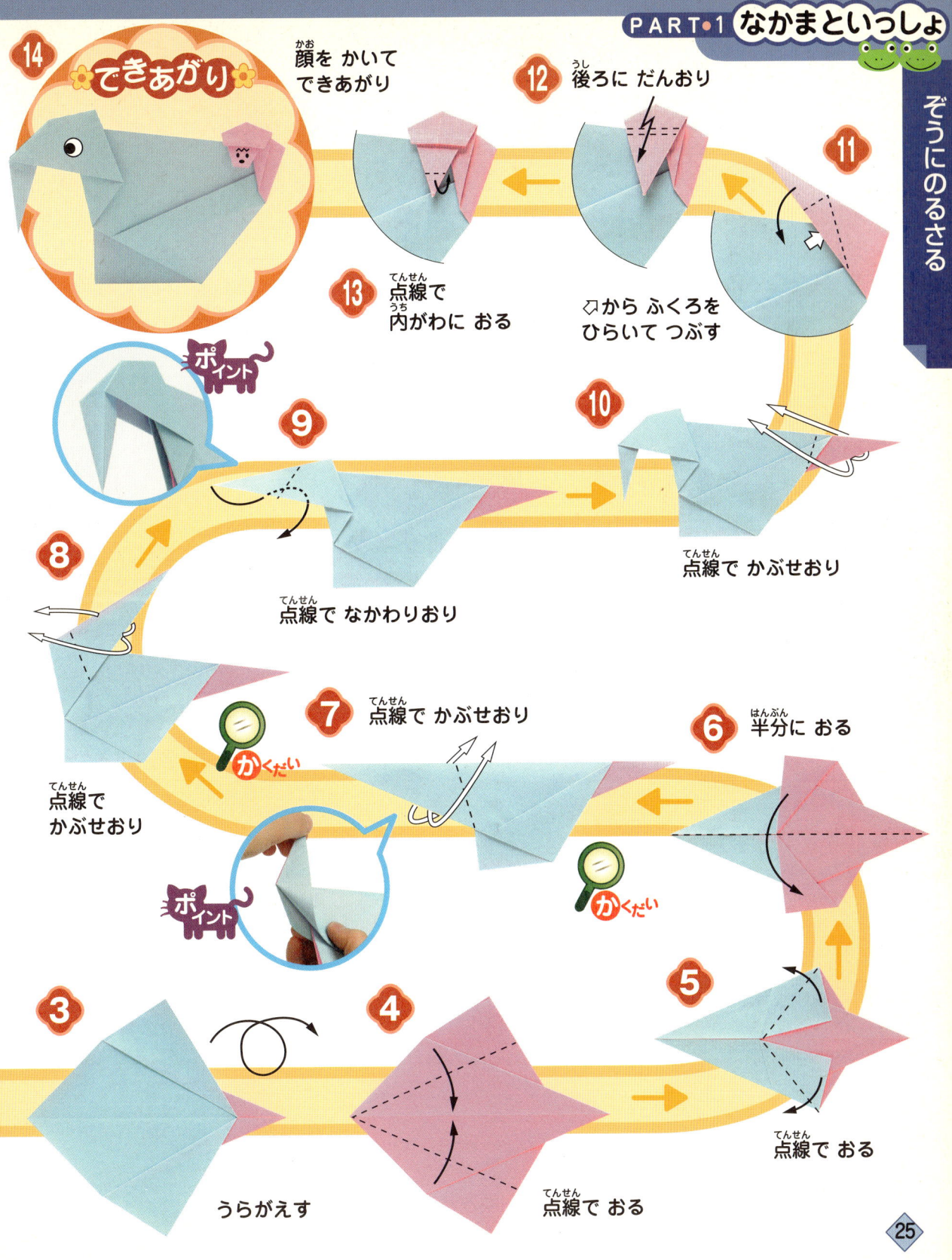

くまのおやこ

しレベル

かみの大きさ
15cm×15cm

1

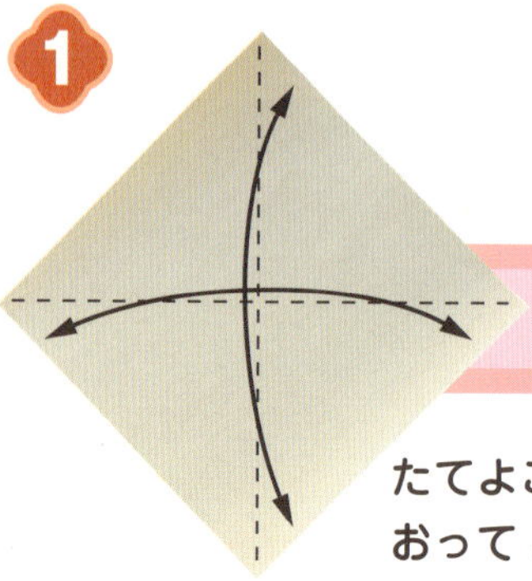

たてよこ 半分《はんぶん》に
おって おり目《め》を
つけて もどす

2

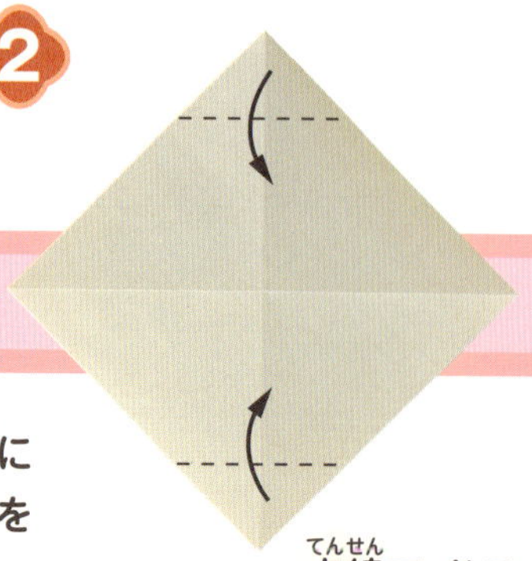

点線《てんせん》で おる

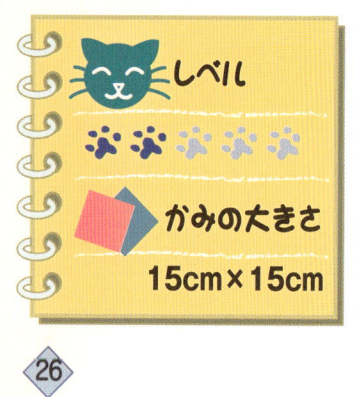

3 半分《はんぶん》に おる

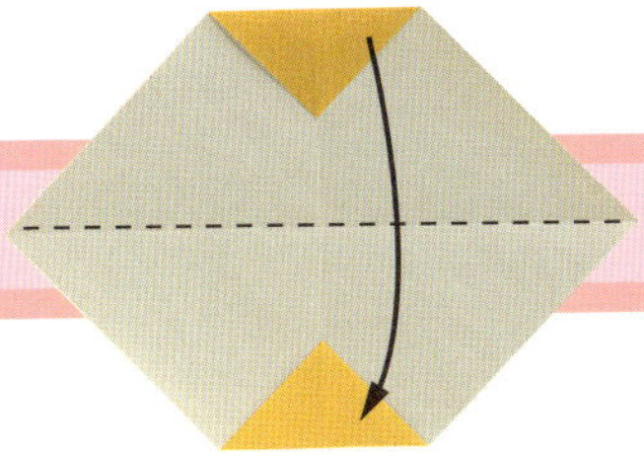

4 点線《てんせん》で おる

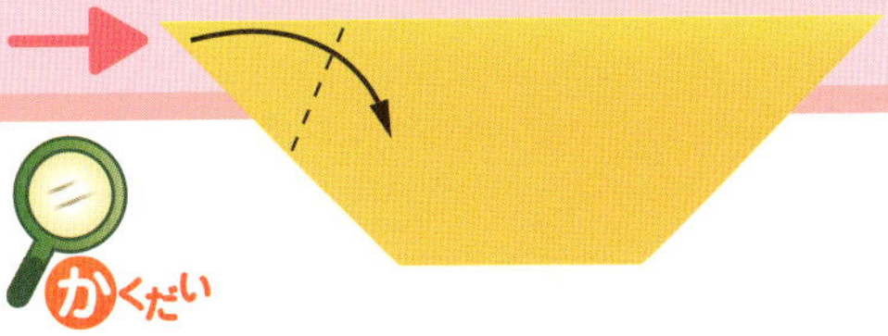
かくだい

5

点線《てんせん》で かぶせおり

ポイント

6 点線《てんせん》で おる

かくだい

7

点線《てんせん》で おる

8

点線《てんせん》で おる

9

点線《てんせん》で かぶせおり

10

点線《てんせん》で おる

11

点線《てんせん》で 後《うし》ろに おる

12

できあがり

顔《かお》を かいて
できあがり

ペンギンのおやこ

レベル

かみの大《おお》きさ
15cm×15cm

1

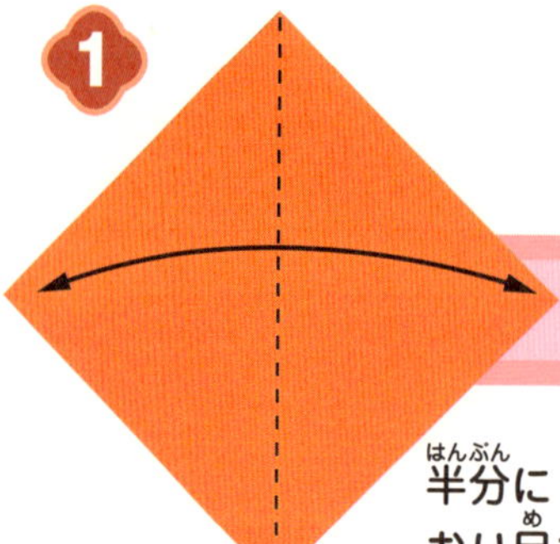

半分《はんぶん》に おって
おり目《め》を
つけて もどす

2

かくだい

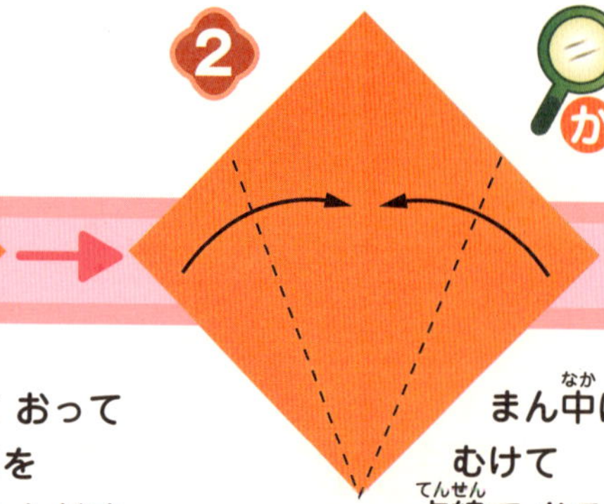

まん中《なか》に
むけて
点線《てんせん》で おる

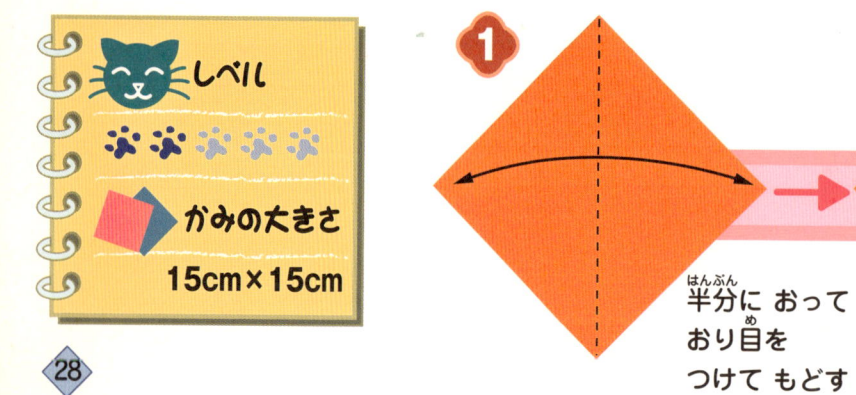

ペンギンのおやこ

3

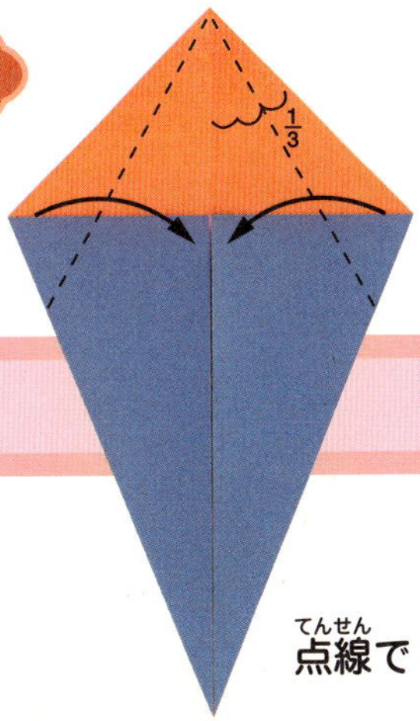

点線《てんせん》で おる

4

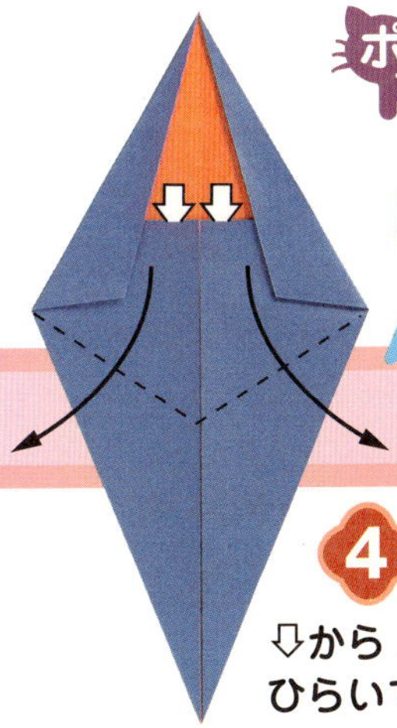

⇩から ふくろを
ひらいて つぶす

5

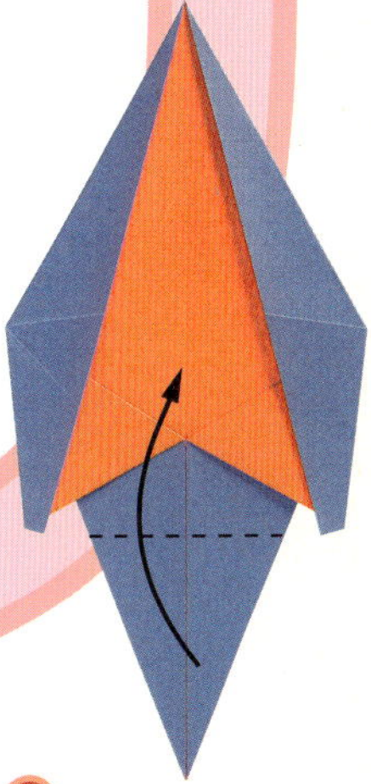

点線《てんせん》で
おる

6

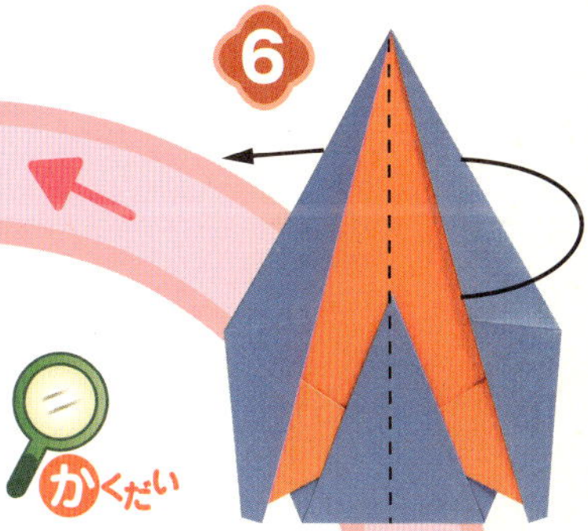

後《うし》ろに 半分《はんぶん》に おる

7

点線《てんせん》で
かぶせおり

8

点線《てんせん》で
なかわりおり

9

点線《てんせん》で
なかわりおり

10

できあがり

目《め》を かいて できあがり

ライオンのおやこ

レベル

かみの大《おお》きさ

15cm×15cm

1

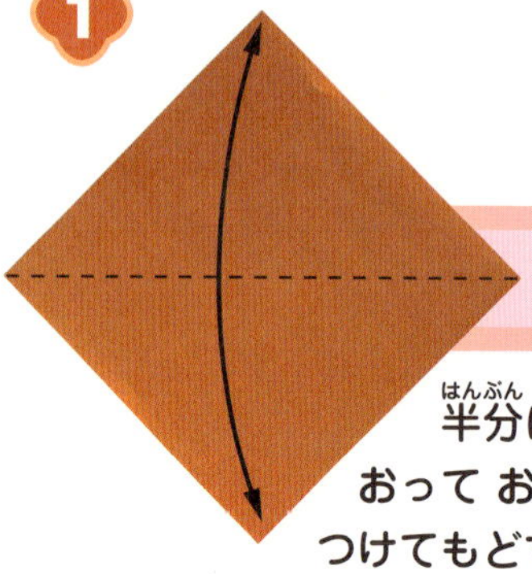

半分《はんぶん》に
おって おり目《め》を
つけてもどす

2

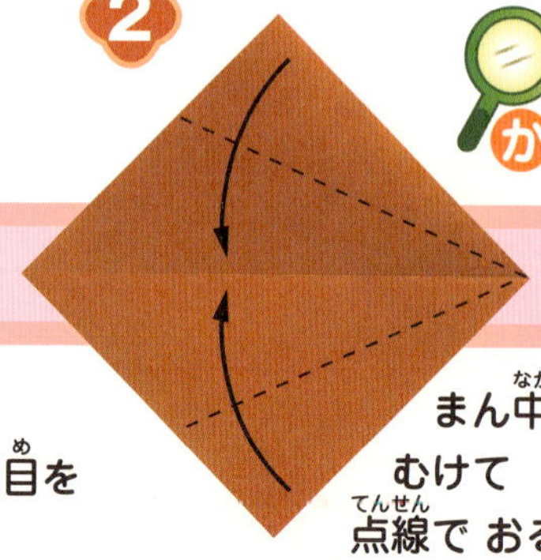

まん中《なか》に
むけて
点線《てんせん》で おる

かくだい

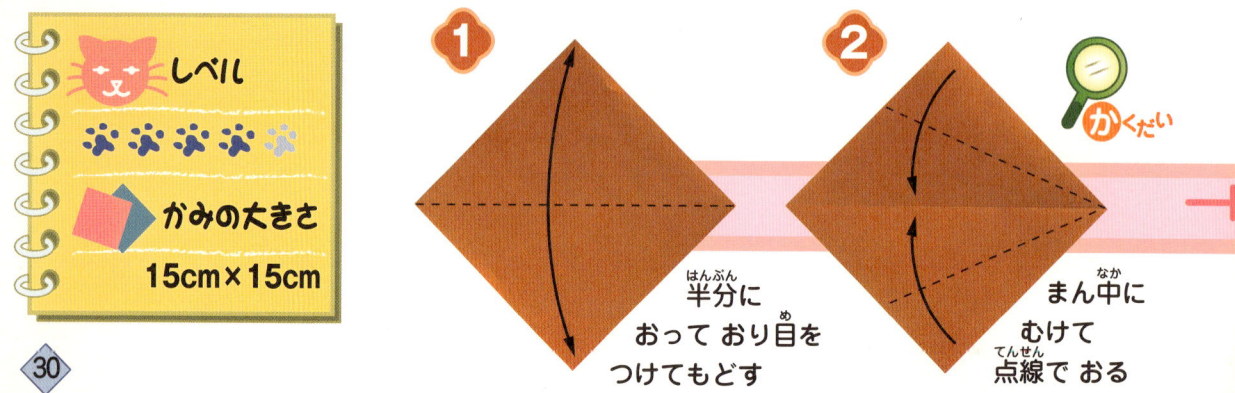

3 点線《てんせん》で すこし おる

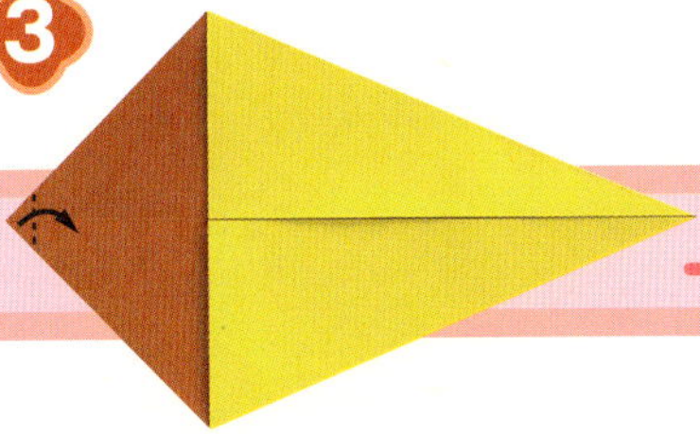

4 点線《てんせん》で 後《うし》ろに おる

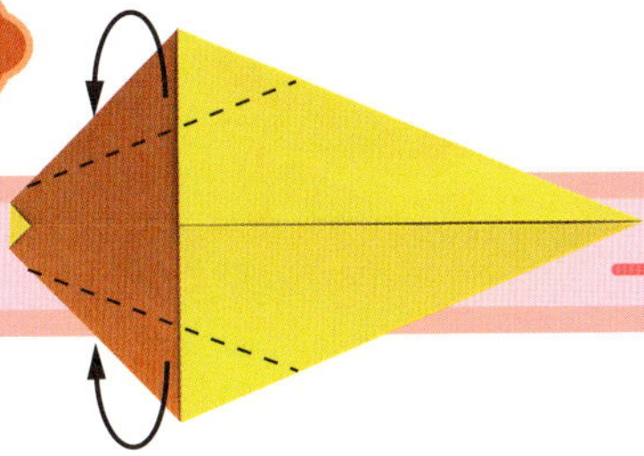

5 後《うし》ろに 半分《はんぶん》に おる

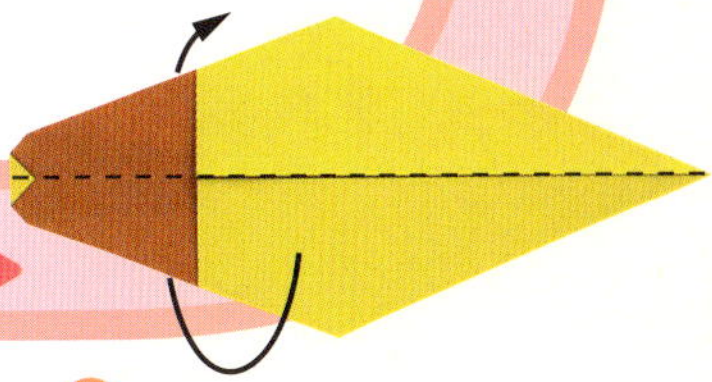

6 ⇩から ふくろを ひらいて つぶす

7 点線《てんせん》で おる

8 点線《てんせん》で おる

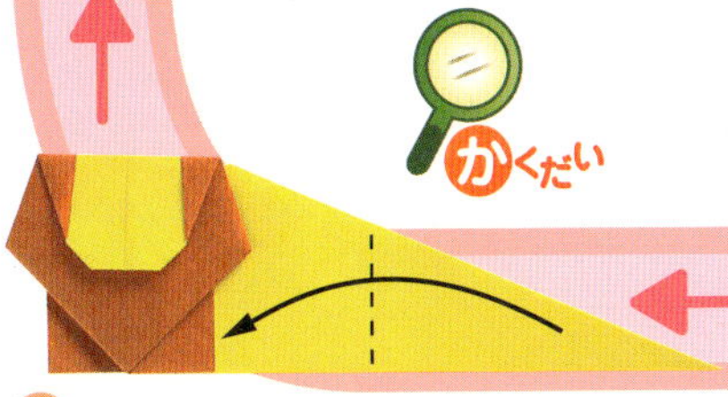

9 ⇩から ふくろを ひらいて つぶす

10 点線《てんせん》で 内《うち》がわに おる

11 点線《てんせん》で 内《うち》がわに おる

12 点線《てんせん》で 後《うし》ろに だんおり

13 点線《てんせん》で おる

14 顔《かお》を かいて できあがり

おんぶバッタ

しベル

かみの大きさ

15cm×15cm

1

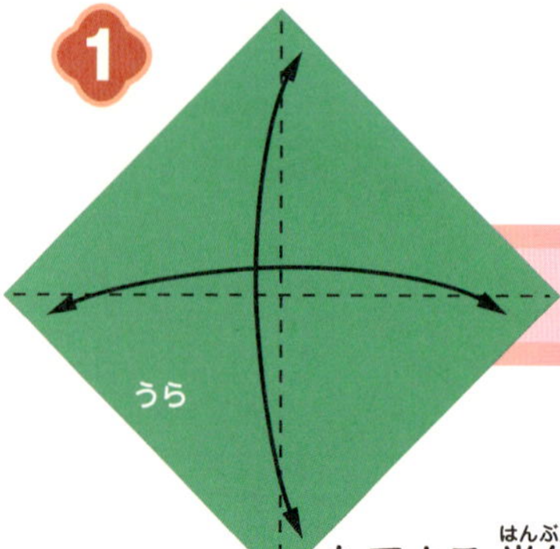

たてよこ 半分《はんぶん》に おって
おり目《め》を つけて もどす

2

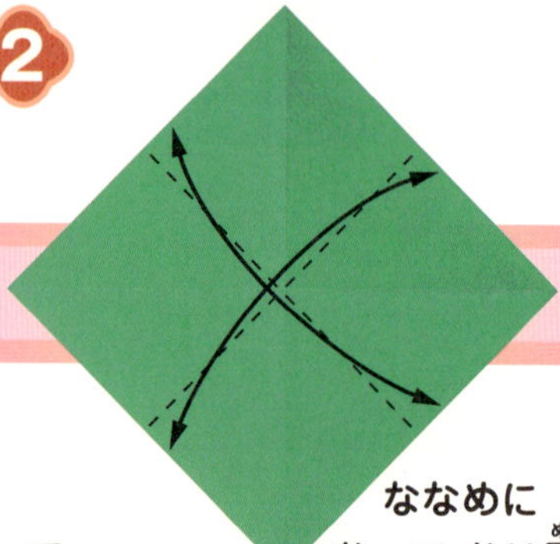

ななめに
おって おり目《め》を
つけて もどす

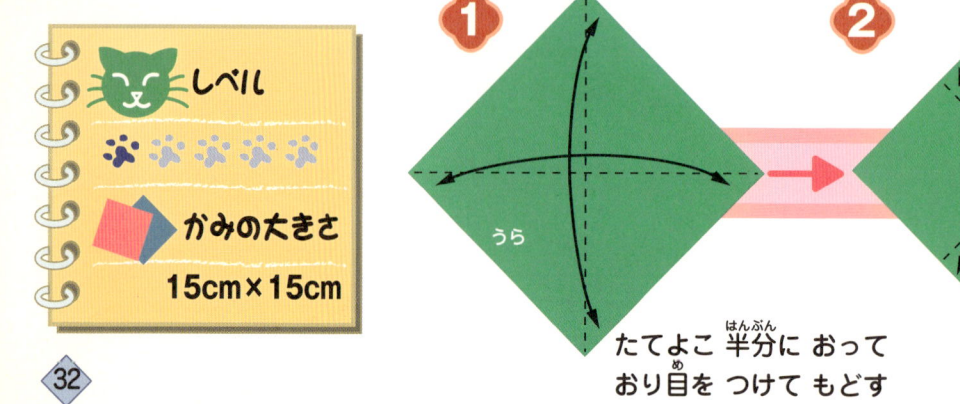

おんぶバッタ

3

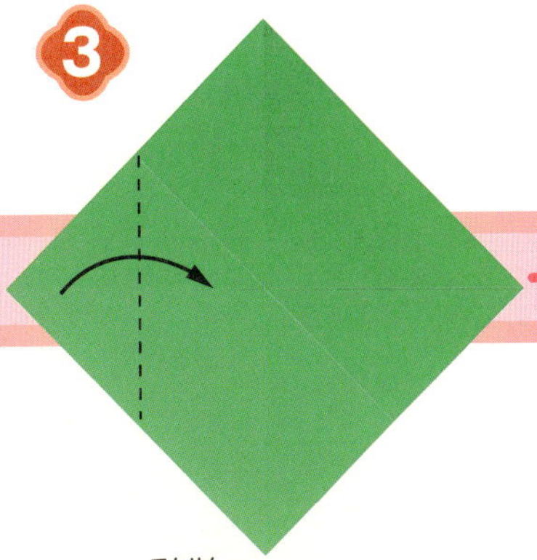

点線《てんせん》で おる

4

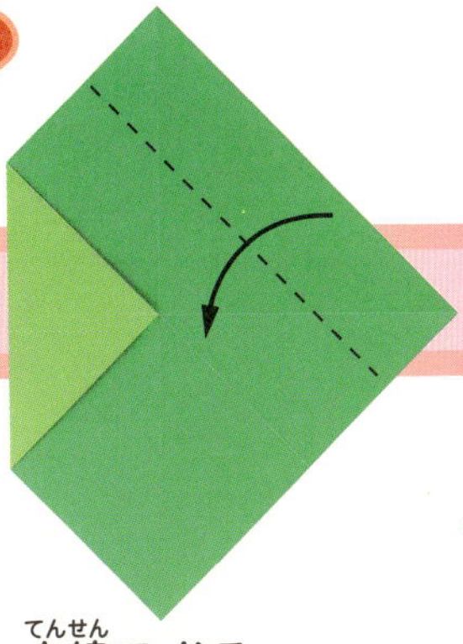

点線《てんせん》で おる

5

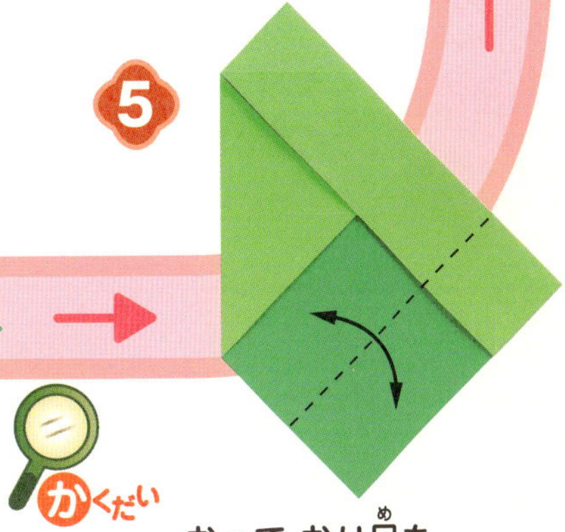

おって おり目《め》を つけて もどす

6

⇩ から ふくろを ひらいて つぶす

7

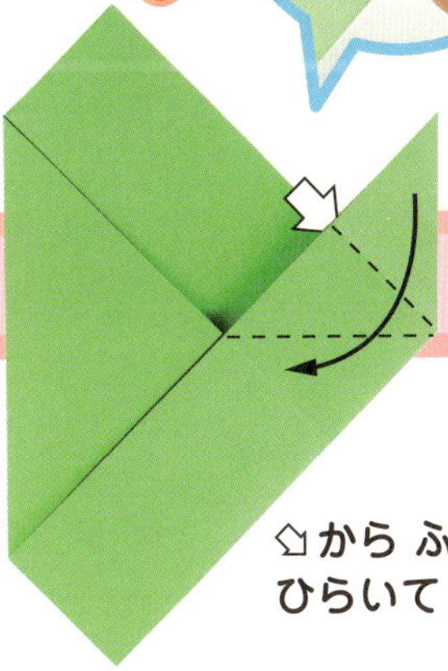

⇩ から ふくろを ひらいて つぶす

8

点線《てんせん》で 後《うし》ろに おる

9

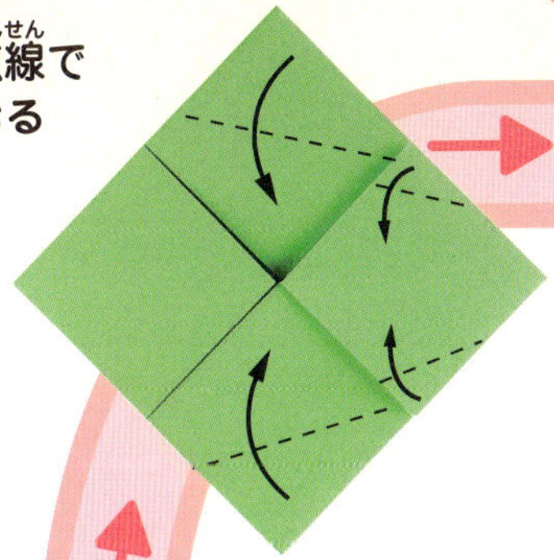

点線《てんせん》で おる

10

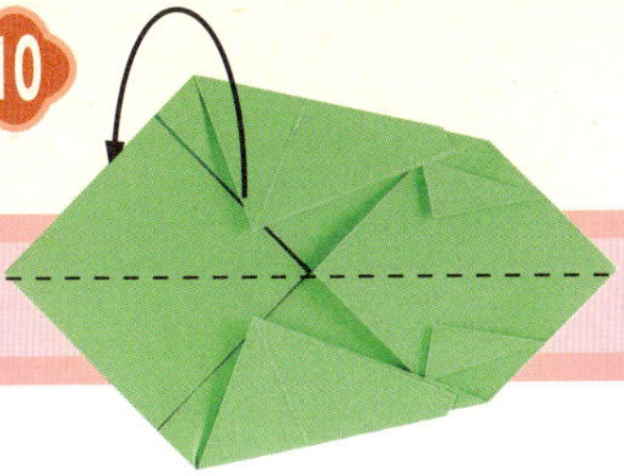

後《うし》ろに 半分《はんぶん》に おる

11

目《め》を かいて できあがり

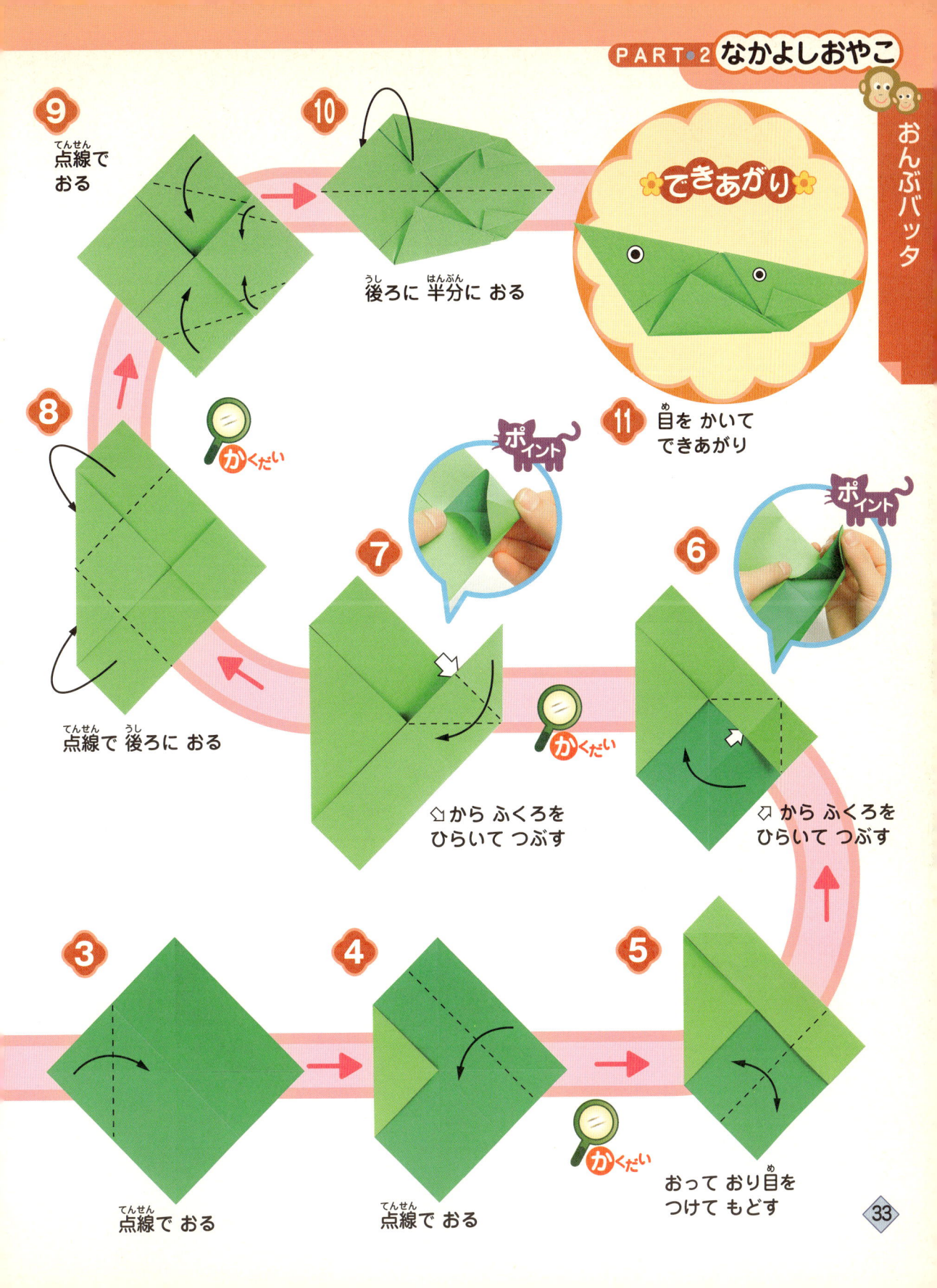

おんぶてんとうむし

しベル

かみの大きさ
15cm×15cm

1

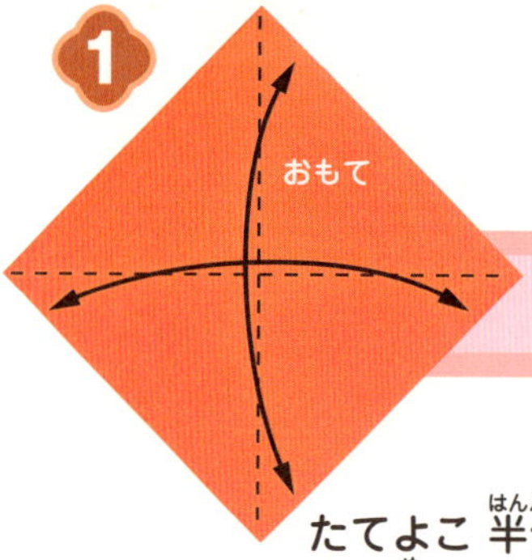

たてよこ 半分《はんぶん》に おって
おり目《め》を つけて もどす

2

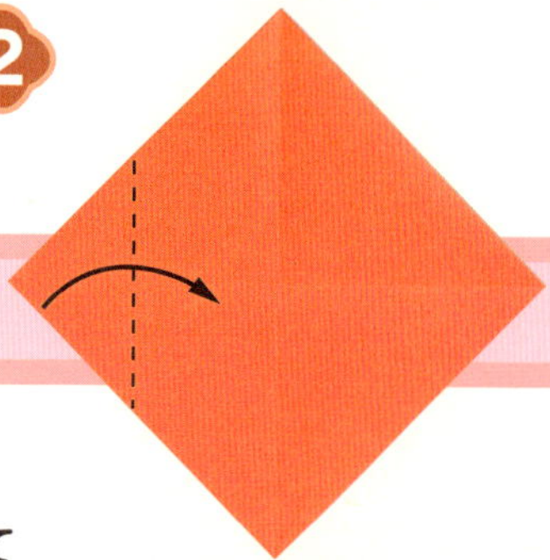

点線《てんせん》で おる

3

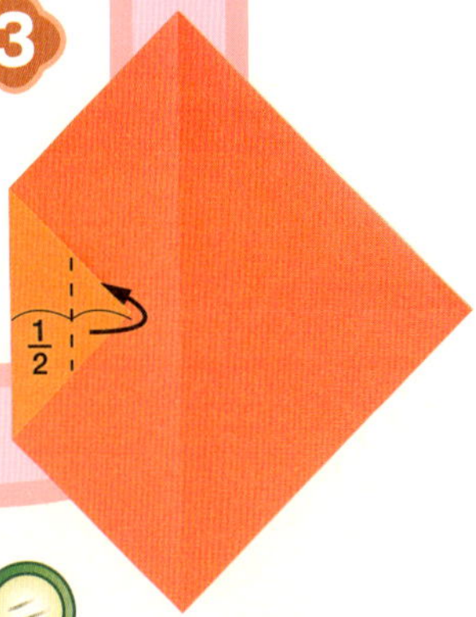

点線《てんせん》で 内《うち》がわに おる

かくだい

4

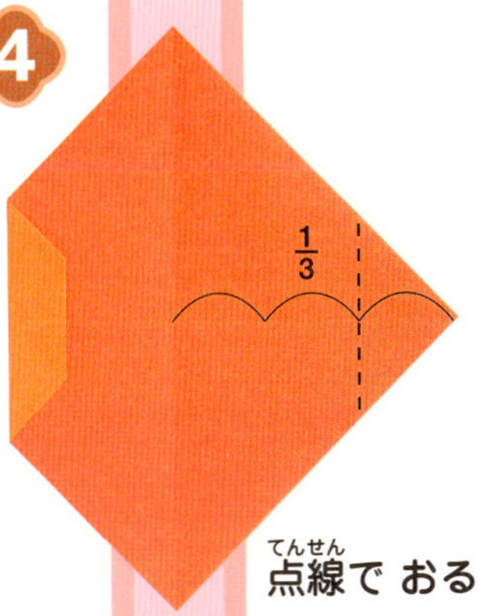

点線《てんせん》で おる

5

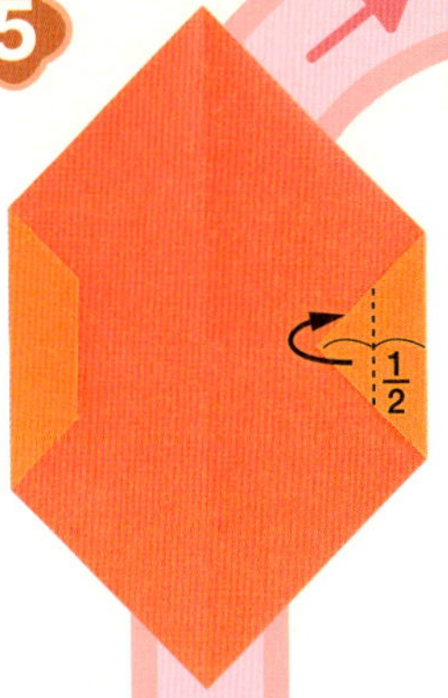

点線《てんせん》で 内《うち》がわに おる

6

うらがえす

7

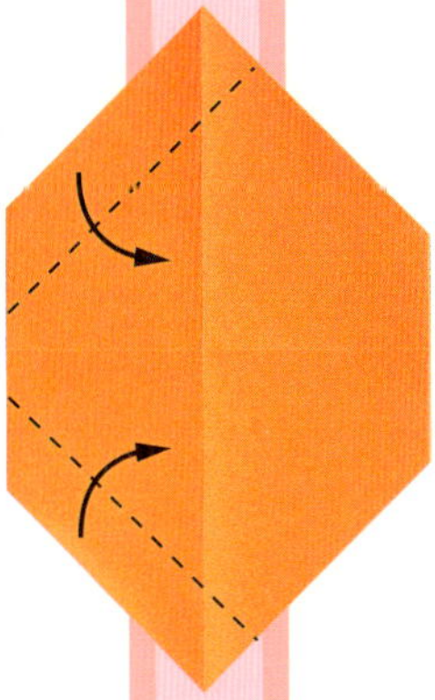

点線《てんせん》で おる

8

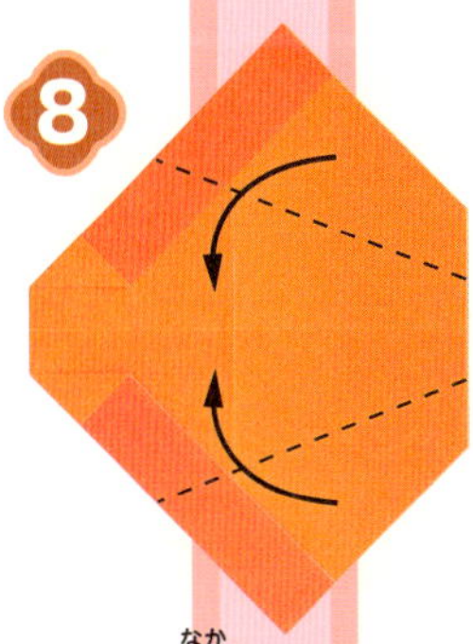

まん中《なか》に むけて 点線《てんせん》で おる

9

かくだい

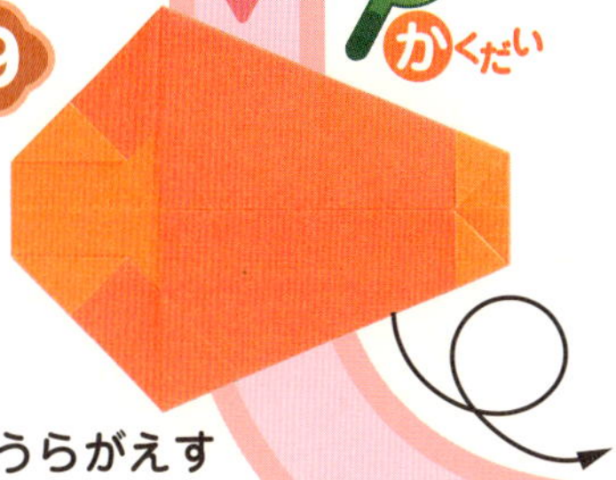

うらがえす

10

かくだい

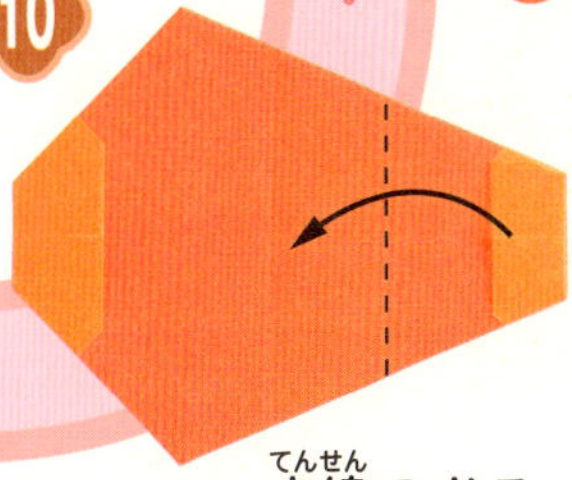

点線《てんせん》で おる

11

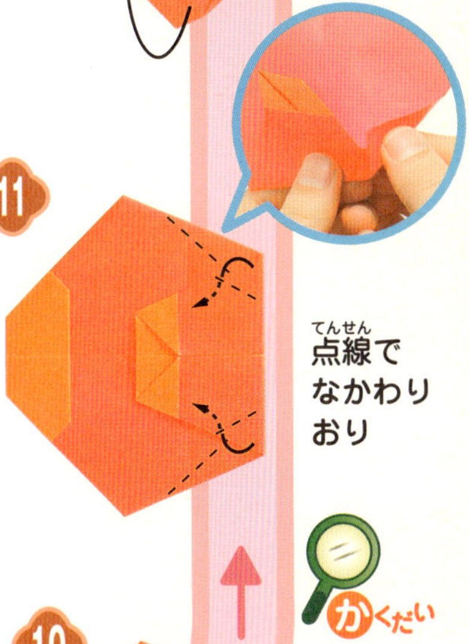

点線《てんせん》で なかわり おり

12

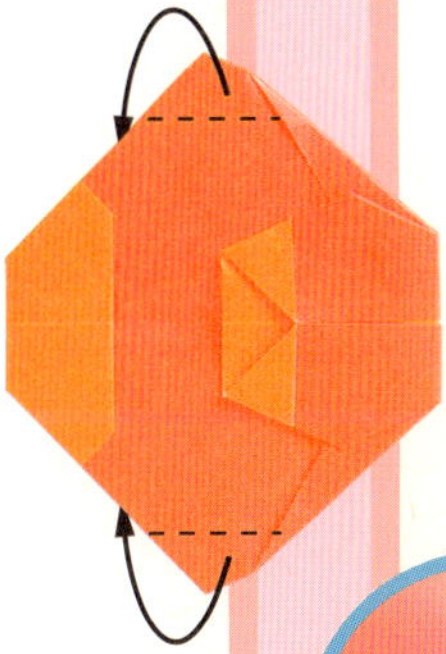

点線《てんせん》で 後《うし》ろに おる

13

目《め》と もようを かいて できあがり

おんぶかたつむり

しベル

かみの大きさ

15cm×15cm

1

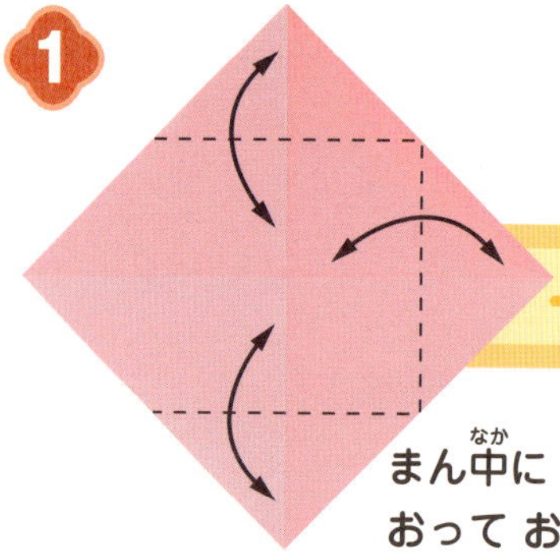

まん中《なか》に むけて
おって おり目《め》を
つけて もどす

2

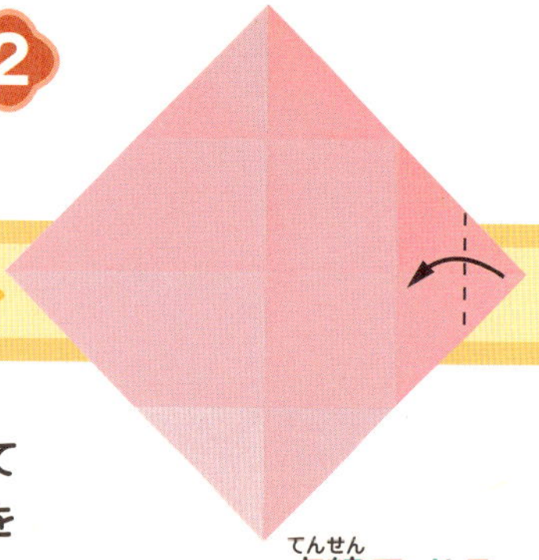

点線《てんせん》で おる

おんぶかたつむり

3
おって
おり目《め》を
つけて もどす
4
後《うし》ろに
半分《はんぶん》に おる
5
おって おり目《め》を
つけて もどす
かくだい
6
点線《てんせん》で
かぶせおり
ポイント
7
点線《てんせん》で
内《うち》がわに おる
うらも 同《おな》じ
8
点線《てんせん》で
内《うち》がわに おる
うらも 同《おな》じ
かくだい
9
点線《てんせん》で 内《うち》がわに おる
うらも 同《おな》じ
10
おって おり目《め》を
つけて もどす
11
かぶせるように
だんおり
ポイント
12
点線《てんせん》で 内《うち》がわに おる
うらも 同《おな》じ
13
むきを かえる
14
できあがり
目《め》と もようを かいて できあがり

はくちょうのおやこ

しベル

かみの大きさ

18cm×18cm

1

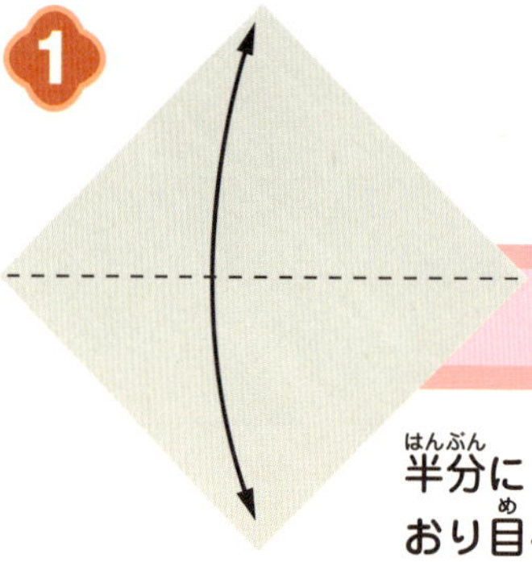

半分《はんぶん》に おって
おり目《め》を
つけて もどす

2

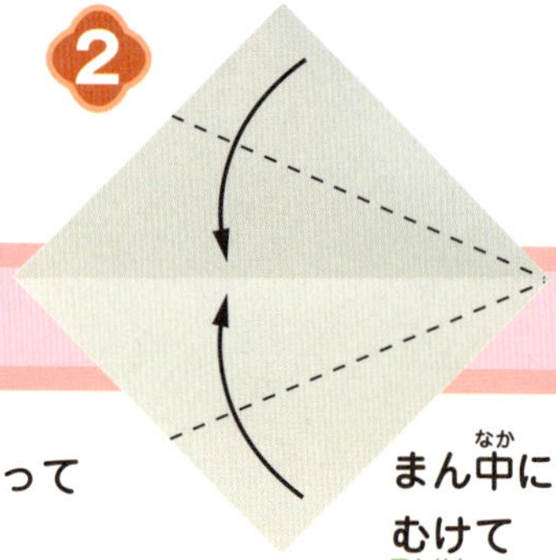

まん中《なか》に
むけて
点線《てんせん》で おる

3

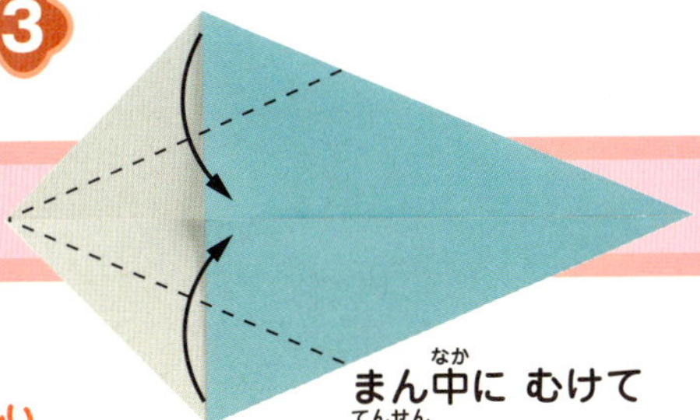
かくだい

まん中《なか》に むけて
点線《てんせん》で おる

4

後《うし》ろに 半分《はんぶん》に おる

5

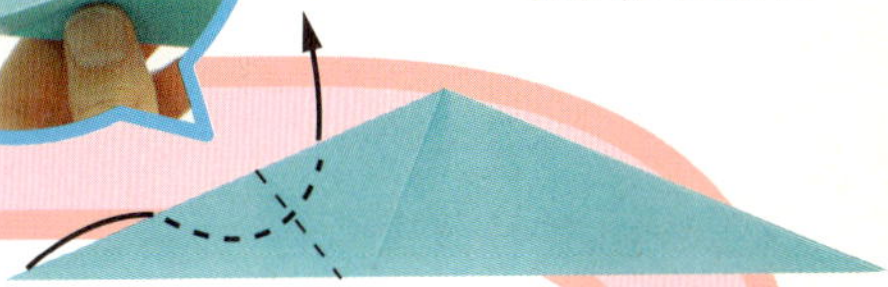
かくだい

ポイント

点線《てんせん》で
なかわりおり

6

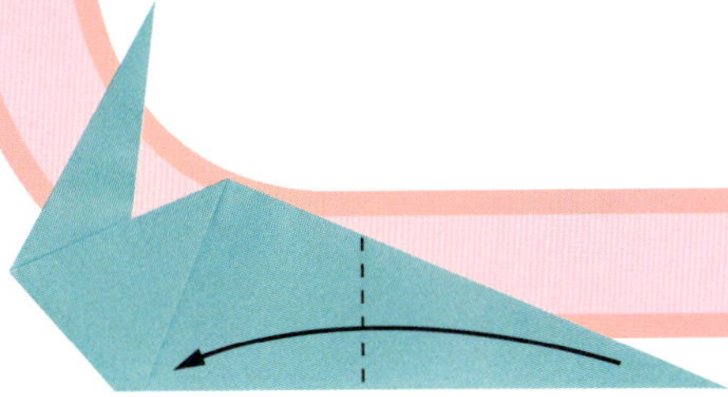

点線《てんせん》で おる

7

かくだい

点線《てんせん》で なかわりおり

ポイント

8

点線《てんせん》で なかわりおり

9

点線《てんせん》で かぶせおり

10

点線《てんせん》で かぶせおり

11

できあがり

目《め》を かいて
できあがり

おんぶさる

レベル

かみの大きさ

15cm×15cm

「はくちょうのおやこ」（38ページ）の❸までおり、むきをかえてはじめます

かくだい

1

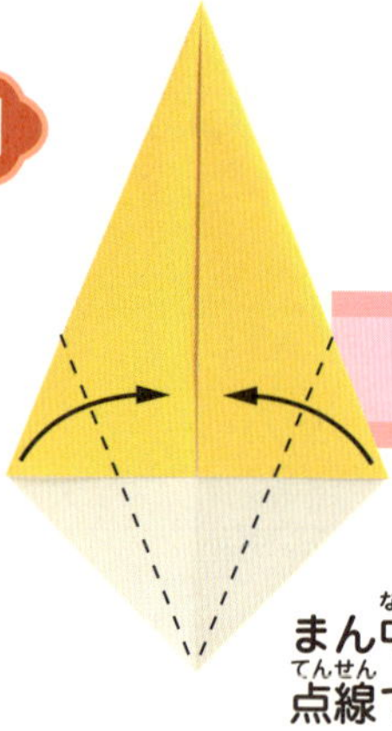

まん中《なか》に むけて
点線《てんせん》で おる

2

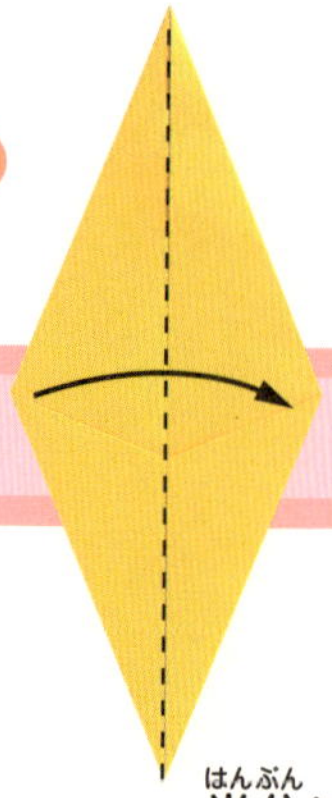

半分《はんぶん》に おる

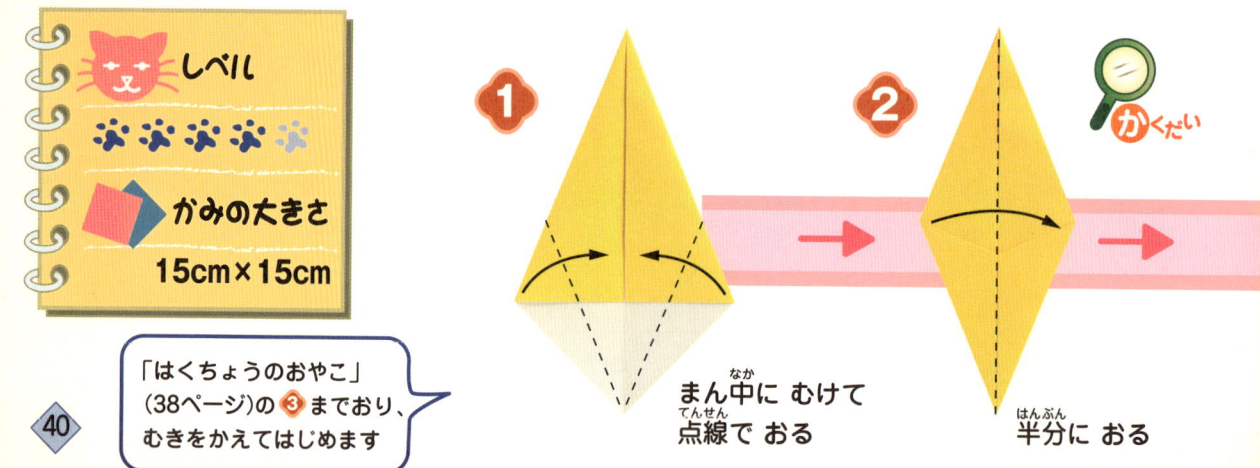

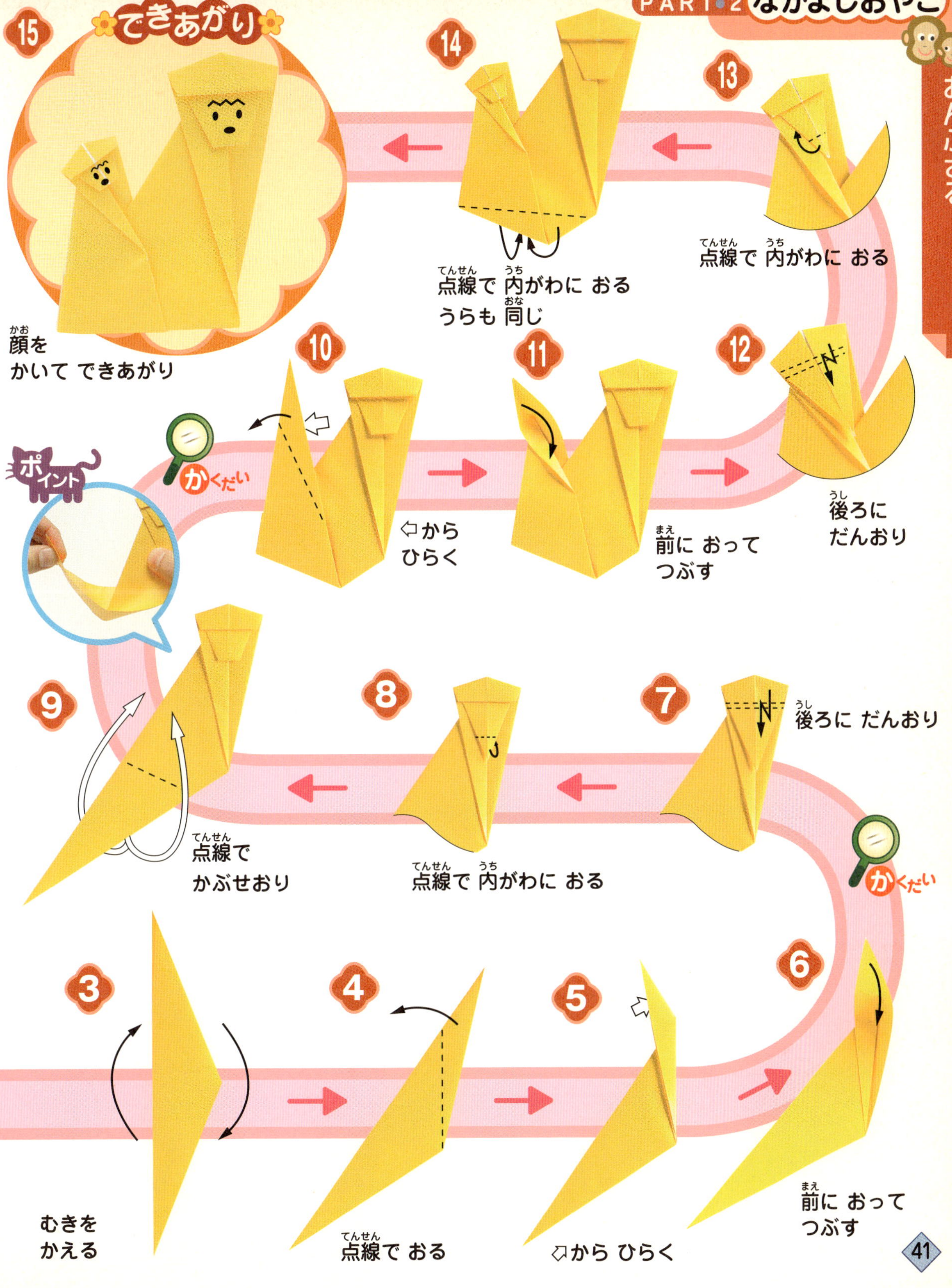
3
むきを
かえる
4
点線《てんせん》で おる
5
⇦から ひらく
6
前《まえ》に おって
つぶす
かくだい
7
後《うし》ろに だんおり
8
点線《てんせん》で 内《うち》がわに おる
9
点線《てんせん》で
かぶせおり
ポイント
かくだい
10
⇦から
ひらく
11
前《まえ》に おって
つぶす
12
後《うし》ろに
だんおり
13
点線《てんせん》で 内《うち》がわに おる
14
点線《てんせん》で 内《うち》がわに おる
うらも 同《おな》じ
15
できあがり
顔《かお》を
かいて できあがり

おんぶことり

レベル

かみの大きさ

15cm×15cm

さんかくに おって
から はじめます

1

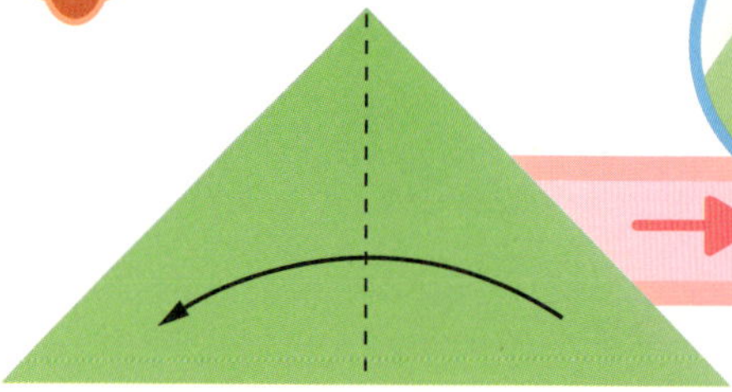

半分《はんぶん》に おる

2

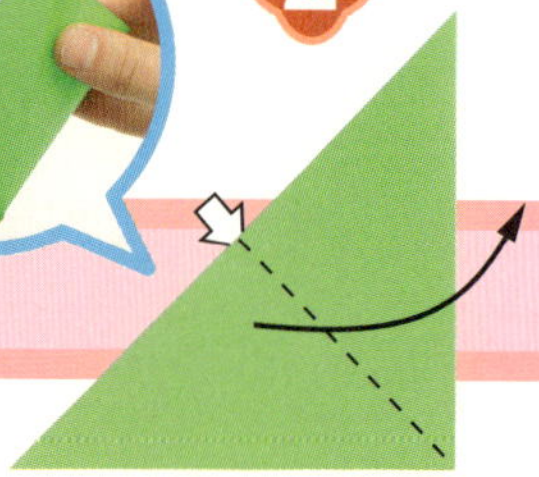

⇦ から ふくろを
ひらいて つぶす

おんぶことり

3 うらがえす

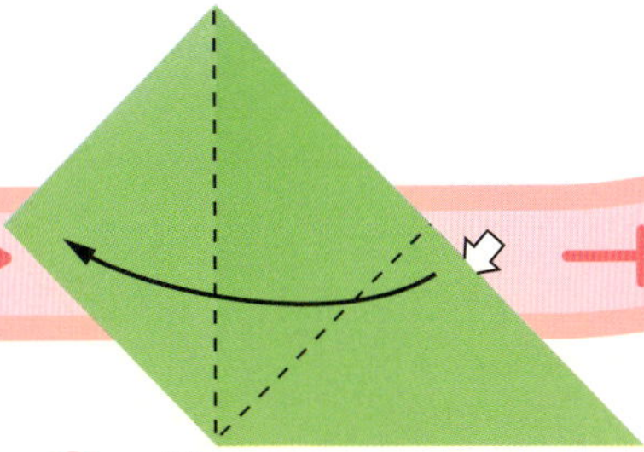

4 同《おな》じように ふくろを ひらいて つぶす

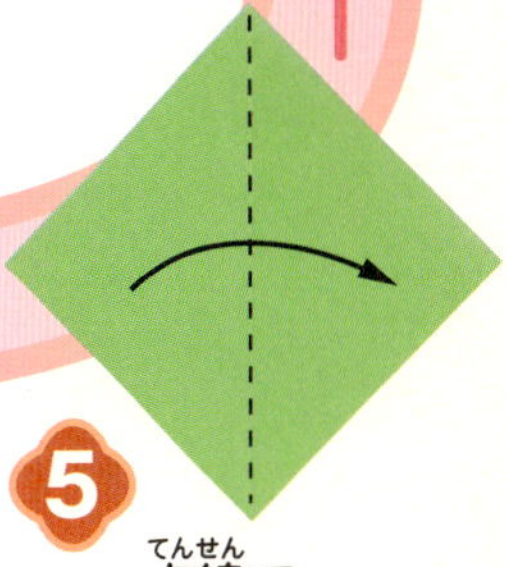

5 点線《てんせん》で おる

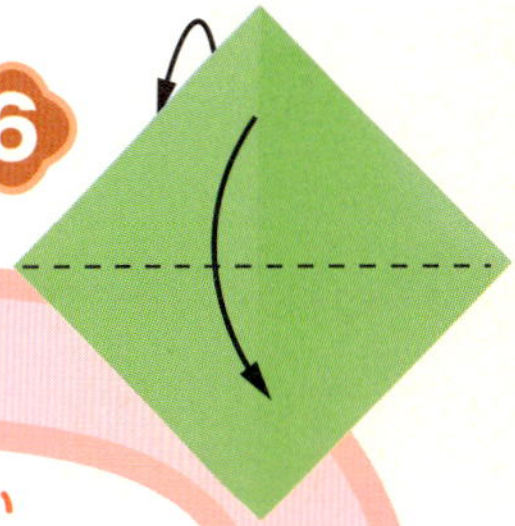

6 点線《てんせん》で おる うらも 同《おな》じ

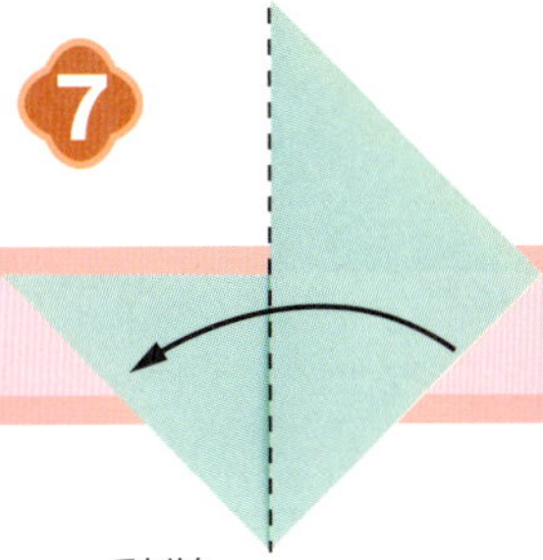

7 点線《てんせん》で おる

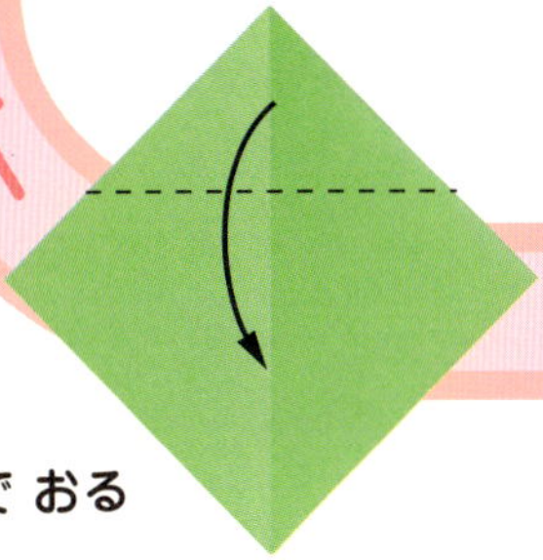

8 点線《てんせん》で おる

9 点線《てんせん》で 内《うち》がわに おる

10

⇧から ふくろを ひらいて つぶす

11 点線《てんせん》で おる

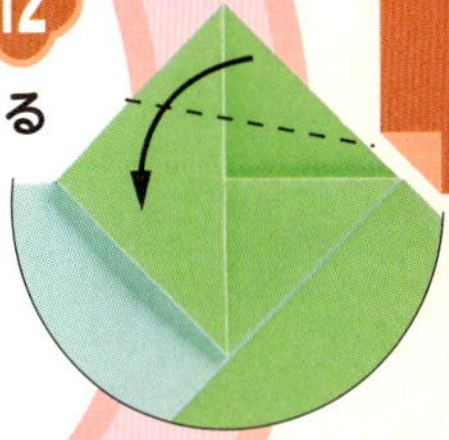

12 点線《てんせん》で おる

13 点線《てんせん》で 内《うち》がわに おる

14 点線《てんせん》で 内《うち》がわに おる うらも 同《おな》じ

15 むきを かえ 目《め》を かいて できあがり

あひるのおやこ

レベル

かみの大《おお》きさ
15cm×15cm

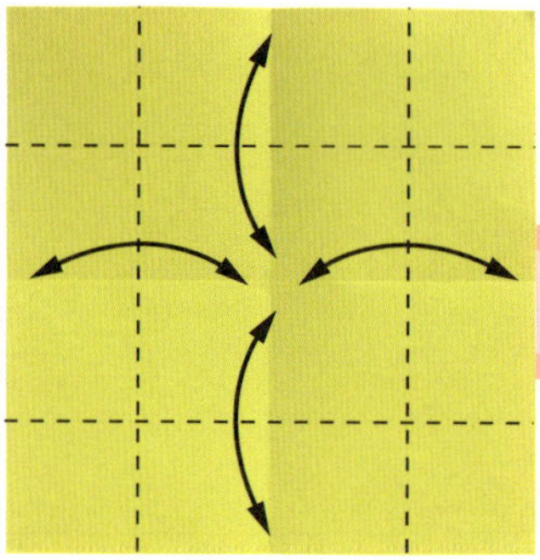

1 まん中《なか》に むけて 点線《てんせん》で おって もどす

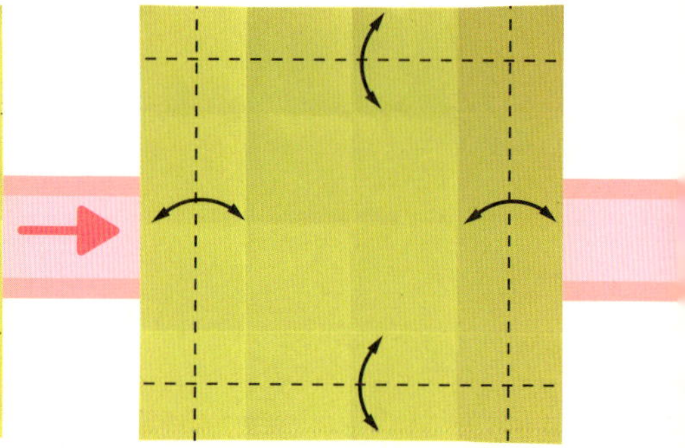

2 点線《てんせん》で おって おり目《め》を つけて もどす

あひるのおやこ

3 点線《てんせん》で おる

4 点線《てんせん》で 内《うち》がわに おる

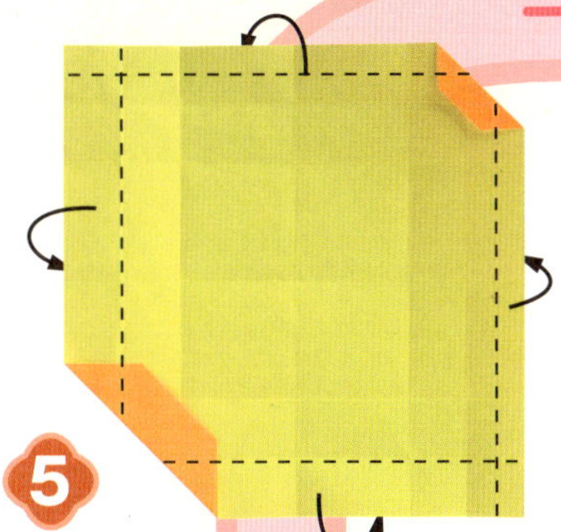

5 点線《てんせん》で 後《うし》ろに おる

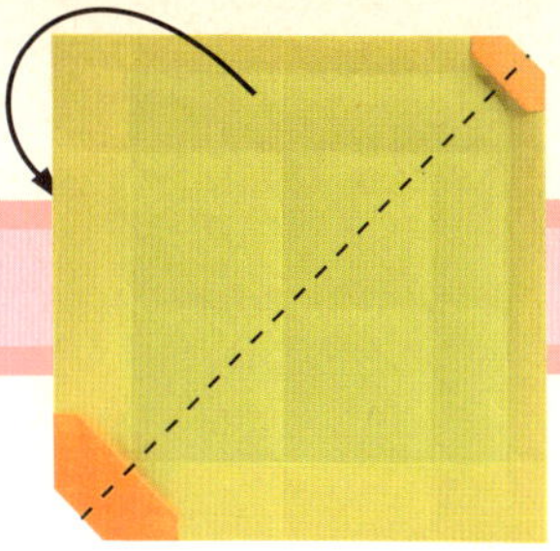

6 後《うし》ろに 半分《はんぶん》に おる

7 点線《てんせん》で おる

8 ⇧から ふくろを ひらいて つぶす

9 むきを かえる

10 点線《てんせん》で 後《うし》ろに おる

11 点線《てんせん》で 内《うち》がわに おる うらも 同《おな》じ

12 できあがり

顔《かお》と はねを かいて できあがり

ねずみのおやこ

レベル

かみの大《おお》きさ

15cm×15cm

1

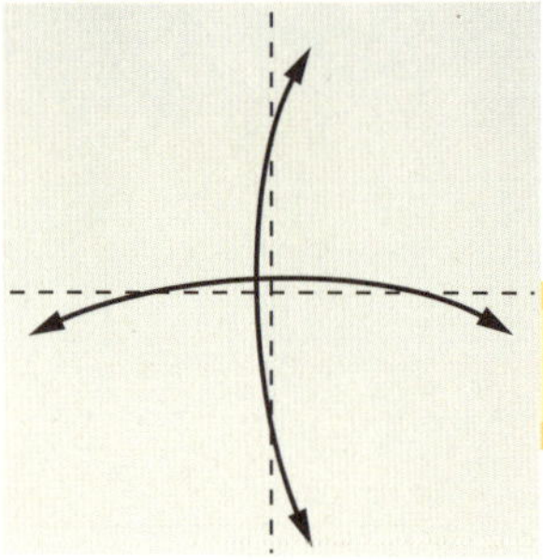

たてよこ 半分《はんぶん》に おって
おり目《め》を つけて もどす

2

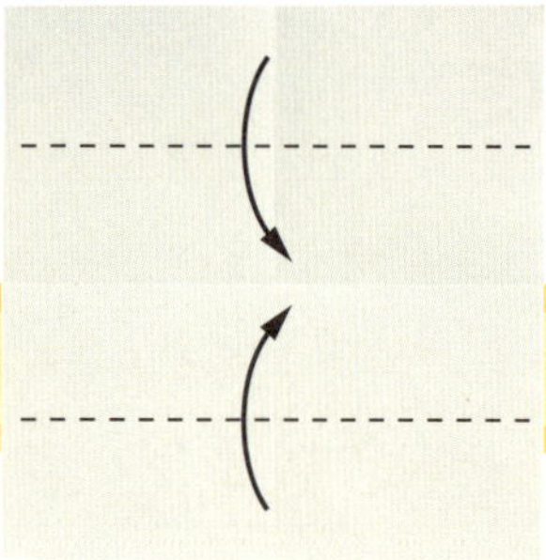

まん中《なか》に むけて
点線《てんせん》で おる

ねずみのおやこ

3

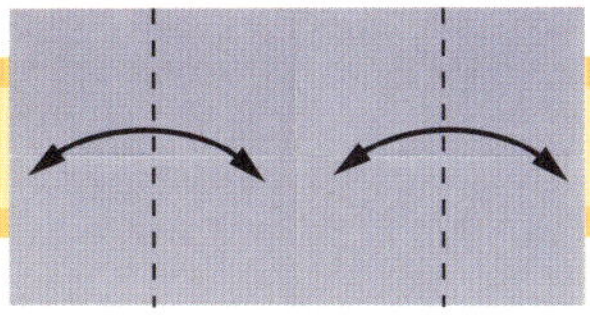

おって おり目《め》を
つけて もどす

4

おって おり目《め》を
つけて もどす

5

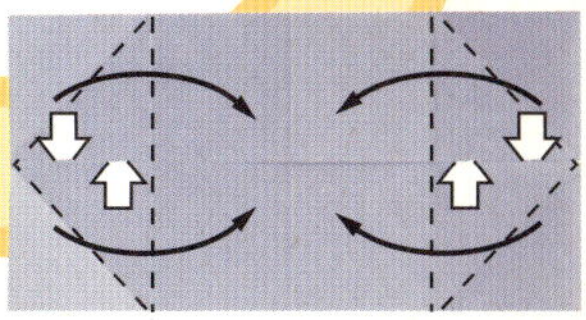

⇧から ふくろを
ひらいて つぶす

6

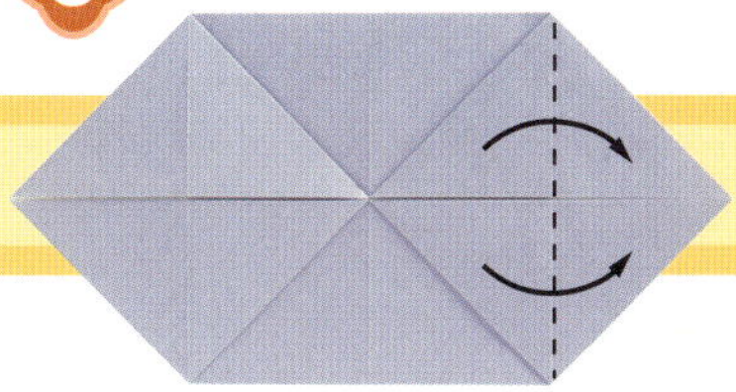

点線《てんせん》で おる

7

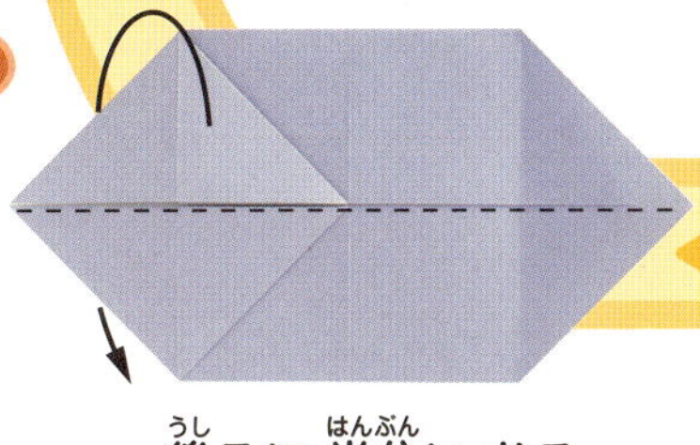

後《うし》ろに 半分《はんぶん》に おる

8

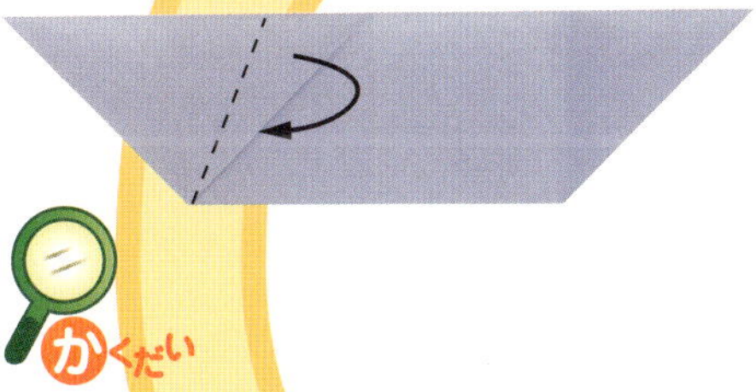

点線《てんせん》で 内《うち》がわに おる
うらも 同《おな》じ

9

点線《てんせん》で 内《うち》がわに おる
うらも 同《おな》じ

10

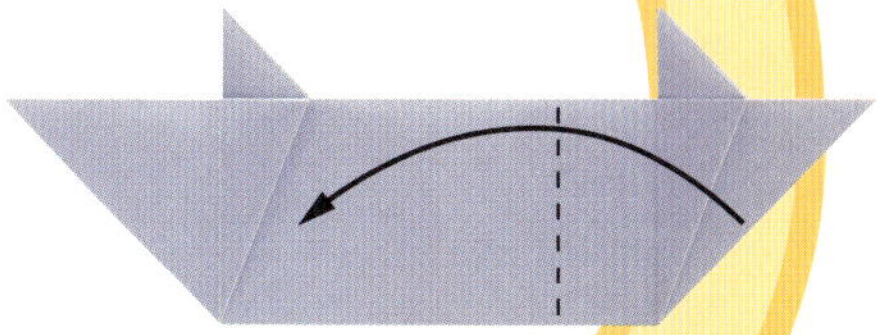

点線《てんせん》で おる

11

点線《てんせん》で なかわりおり

12

顔《かお》を かいて
できあがり

おやこがめ

レベル

かみの大きさ

15cm×15cm

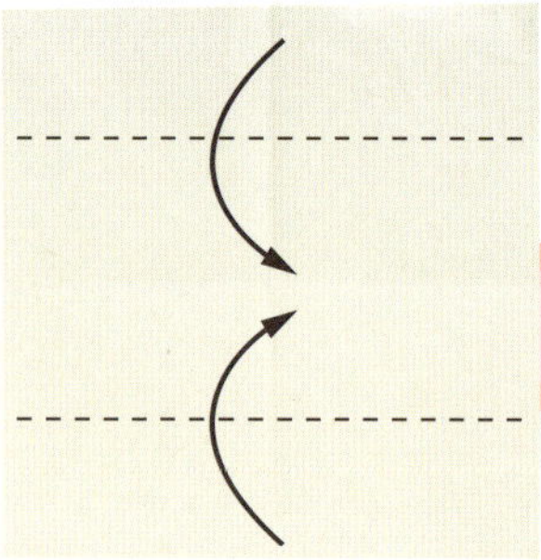

1 まん中《なか》に むけて 点線《てんせん》で おる

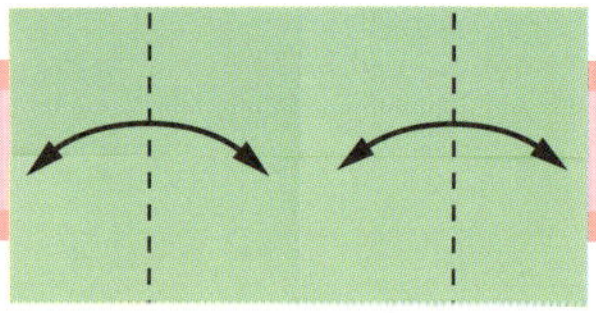

2 おって おり目《め》を つけて もどす

3 おって おり目《め》を つけて もどす

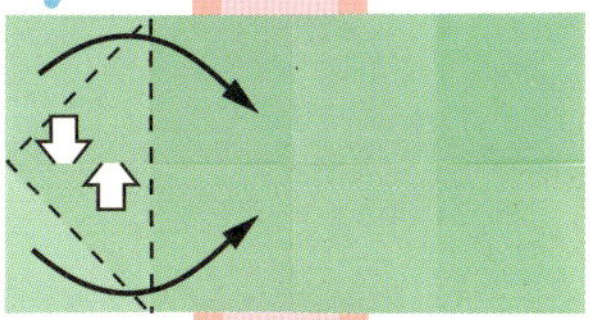

4 ⇧から ふくろを ひらいて つぶす

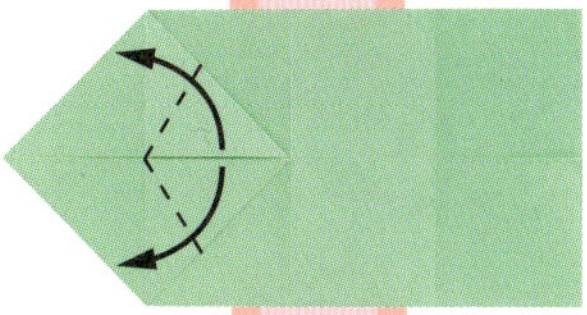

5 点線《てんせん》で おる

6 点線《てんせん》で だんおり

7 うらがえす

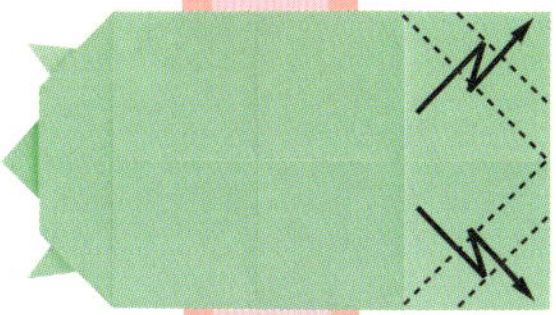

8 点線《てんせん》で だんおり

かくだい

9 点線《てんせん》で だんおり

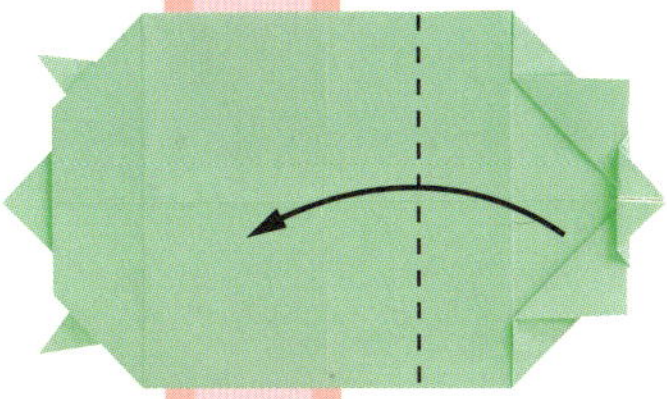

10 点線《てんせん》で おる

かくだい

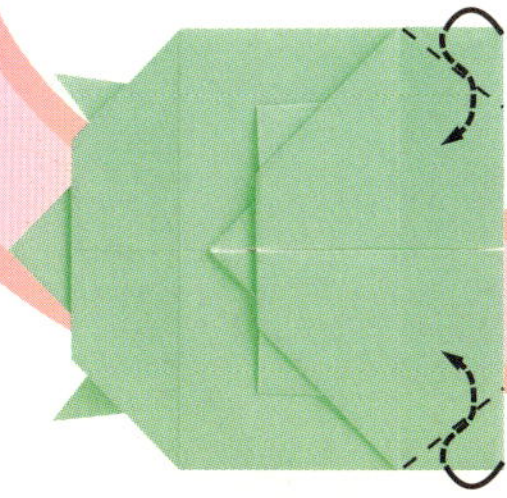

11 点線《てんせん》で なかわりおり

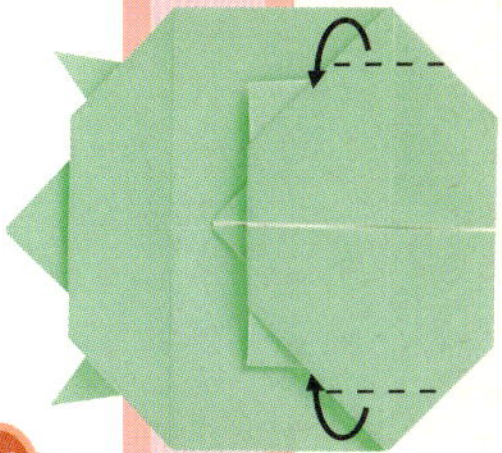

12 点線《てんせん》で 内《うち》がわに おる

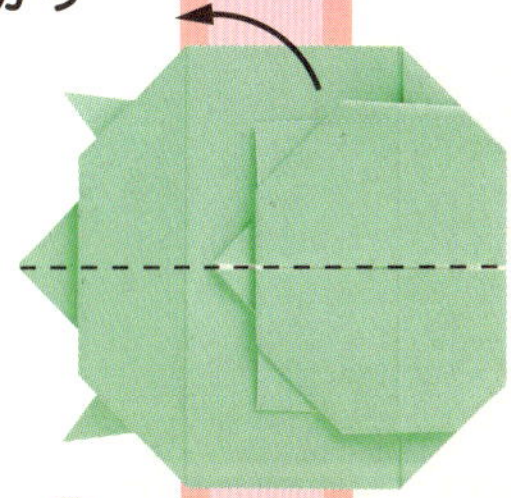

13 まん中《なか》で すこし おって 立体《りったい》にする

14 できあがり

目《め》を かいて できあがり

コアラのおやこ

レベル

かみの大きさ

15cm×15cm

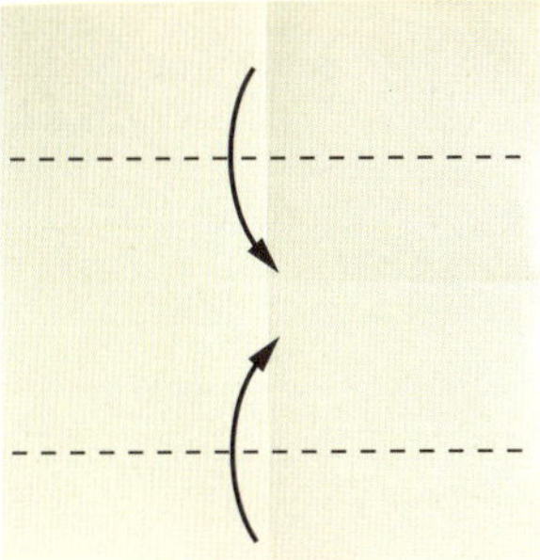

1 まん中《なか》に むけて 点線《てんせん》で おる

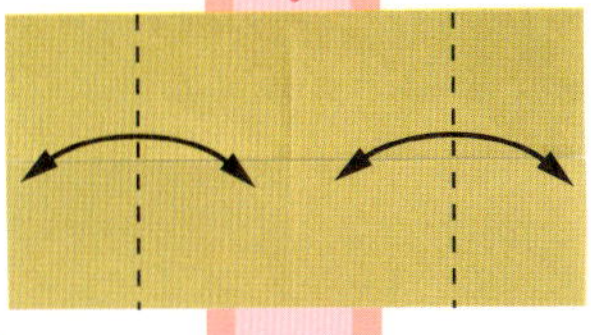

2 おって おり目《め》を つけて もどす

3 おって おり目《め》を つけて もどす

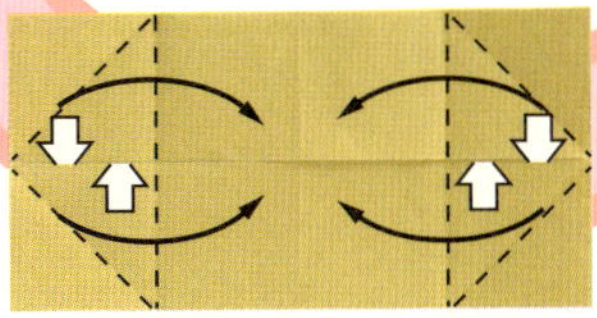

4

かくだい

⇧から ふくろを ひらいて つぶす

5 点線《てんせん》で おる

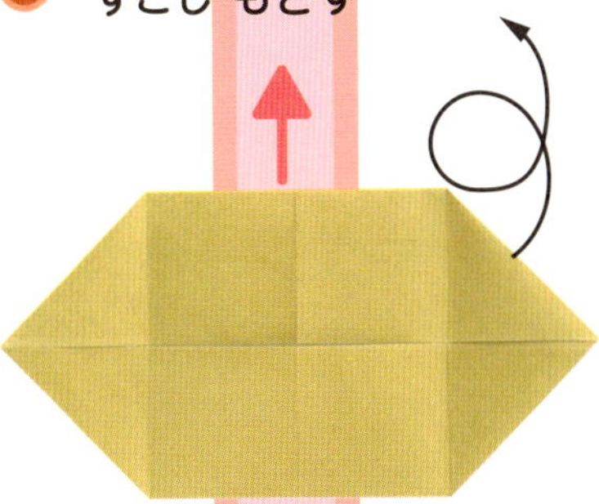

6 うらがえす

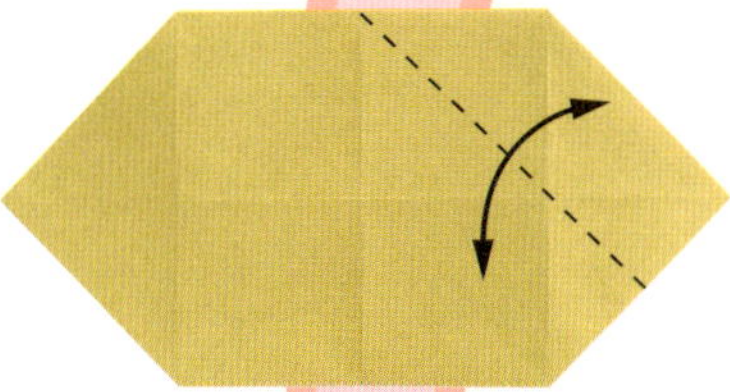

7 おって おり目《め》を つけて すこし もどす

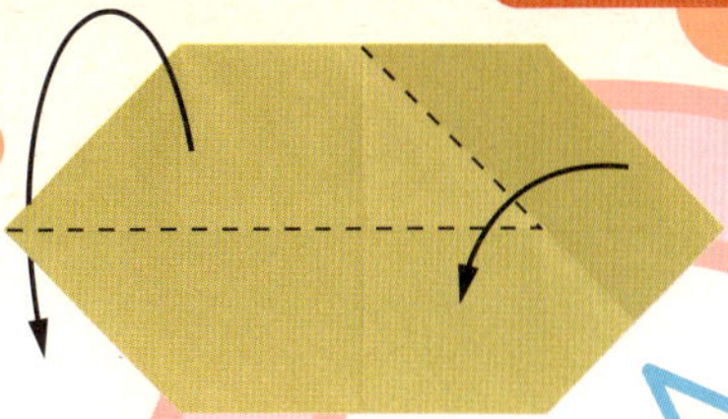

8 後《うし》ろに なかわりおり

9 ★の ぶぶんまで おしつぶす

10 点線《てんせん》で なかわりおり

かくだい

11 点線《てんせん》で おる

12 点線《てんせん》で かぶせおり

13 ⇦から ふくろを ひらいて つぶす

かくだい

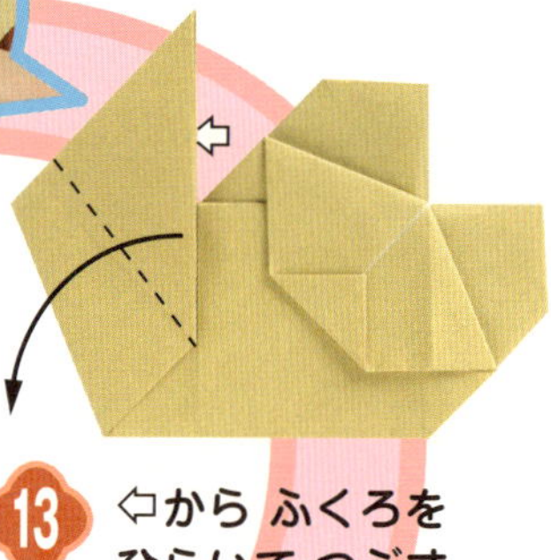

14 点線《てんせん》で なかわりおり

15 点線《てんせん》で おる

16 点線《てんせん》で 後《うし》ろに おる

17

むきを かえる

18 顔《かお》を かいて できあがり

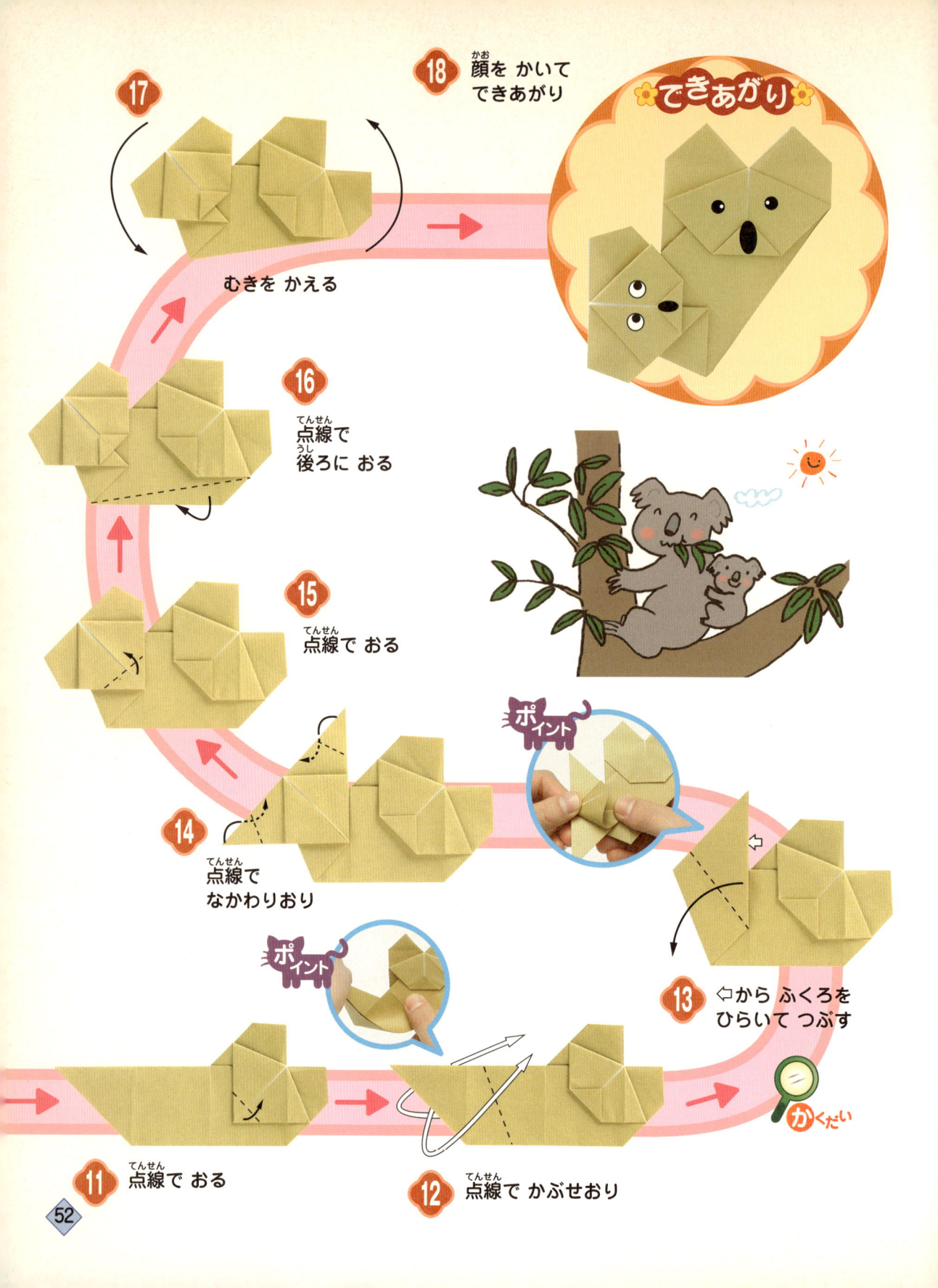

おんぶかえる

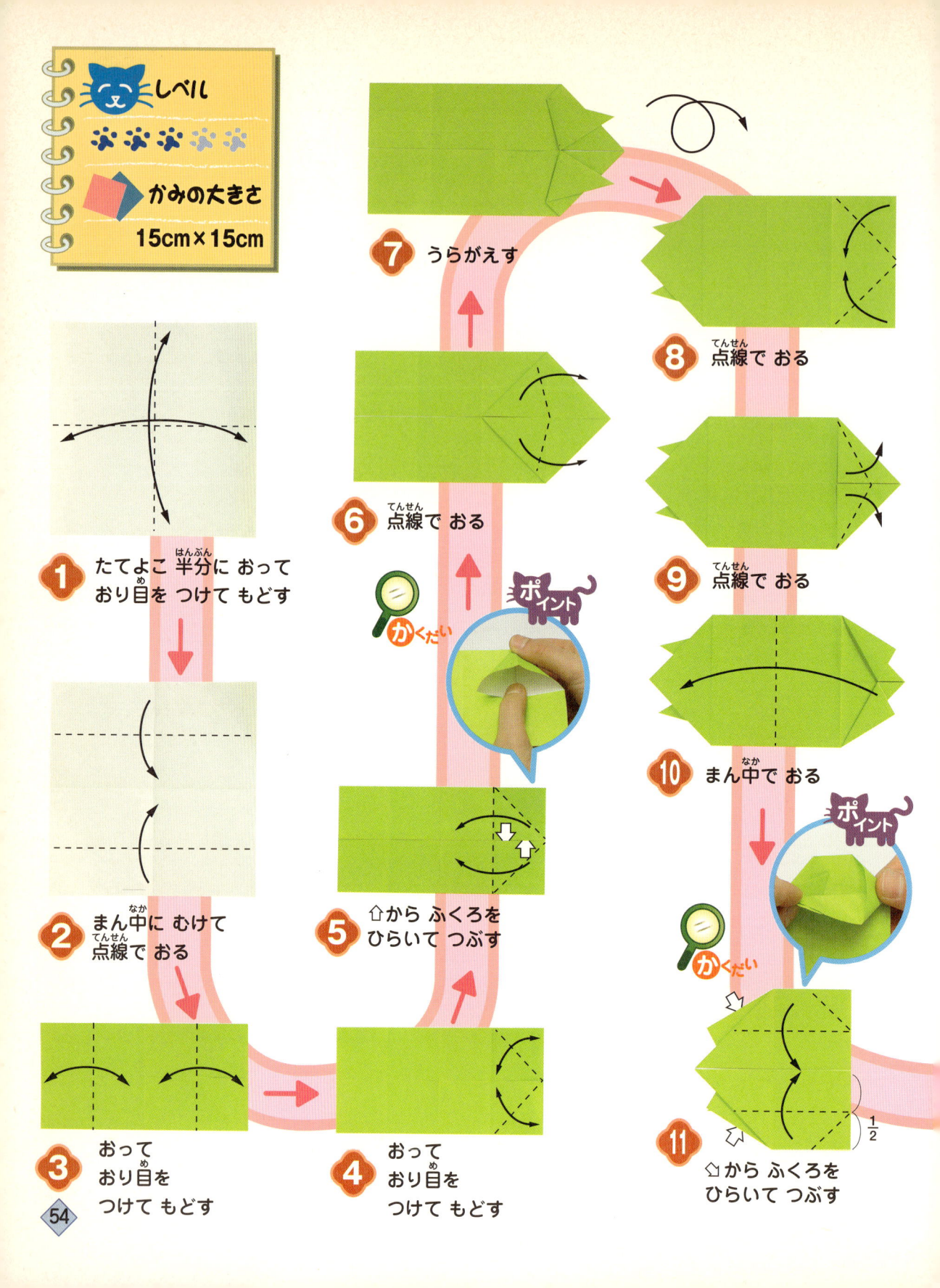

レベル

かみの大きさ

15cm×15cm

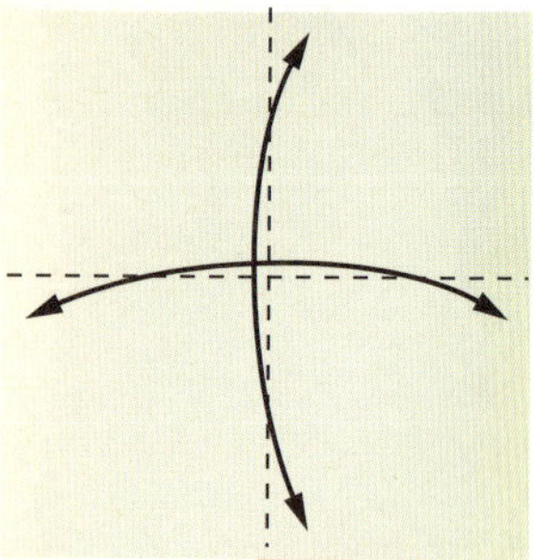

1 たてよこ 半分《はんぶん》に おって おり目《め》を つけて もどす

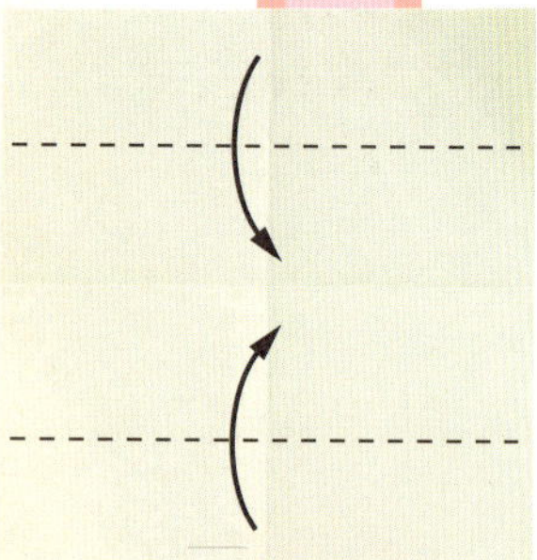

2 まん中《なか》に むけて 点線《てんせん》で おる

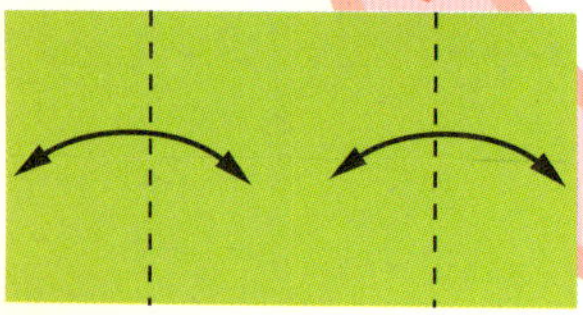

3 おって おり目《め》を つけて もどす

4 おって おり目《め》を つけて もどす

5 ⇧から ふくろを ひらいて つぶす

6 点線《てんせん》で おる

7 うらがえす

8 点線《てんせん》で おる

9 点線《てんせん》で おる

10 まん中《なか》で おる

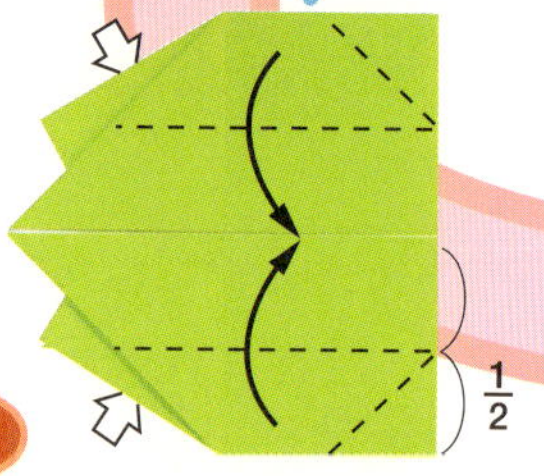

11 ⇧から ふくろを ひらいて つぶす

12 元《もと》に もどす

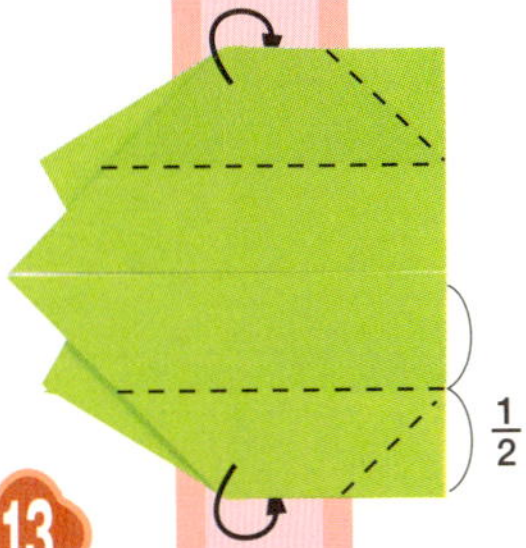

13 点線《てんせん》で 内《うち》がわに おりこむ

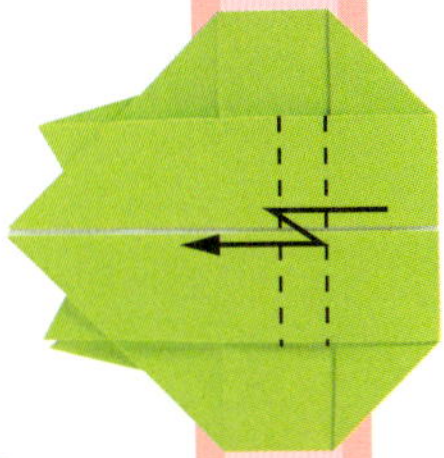

14 点線《てんせん》で だんおり

15 点線《てんせん》で なかわりおり

16 点線《てんせん》で 後《うし》ろに おる

かくだい

17 点線《てんせん》で 内《うち》がわに おる

18

目《め》を かいて できあがり

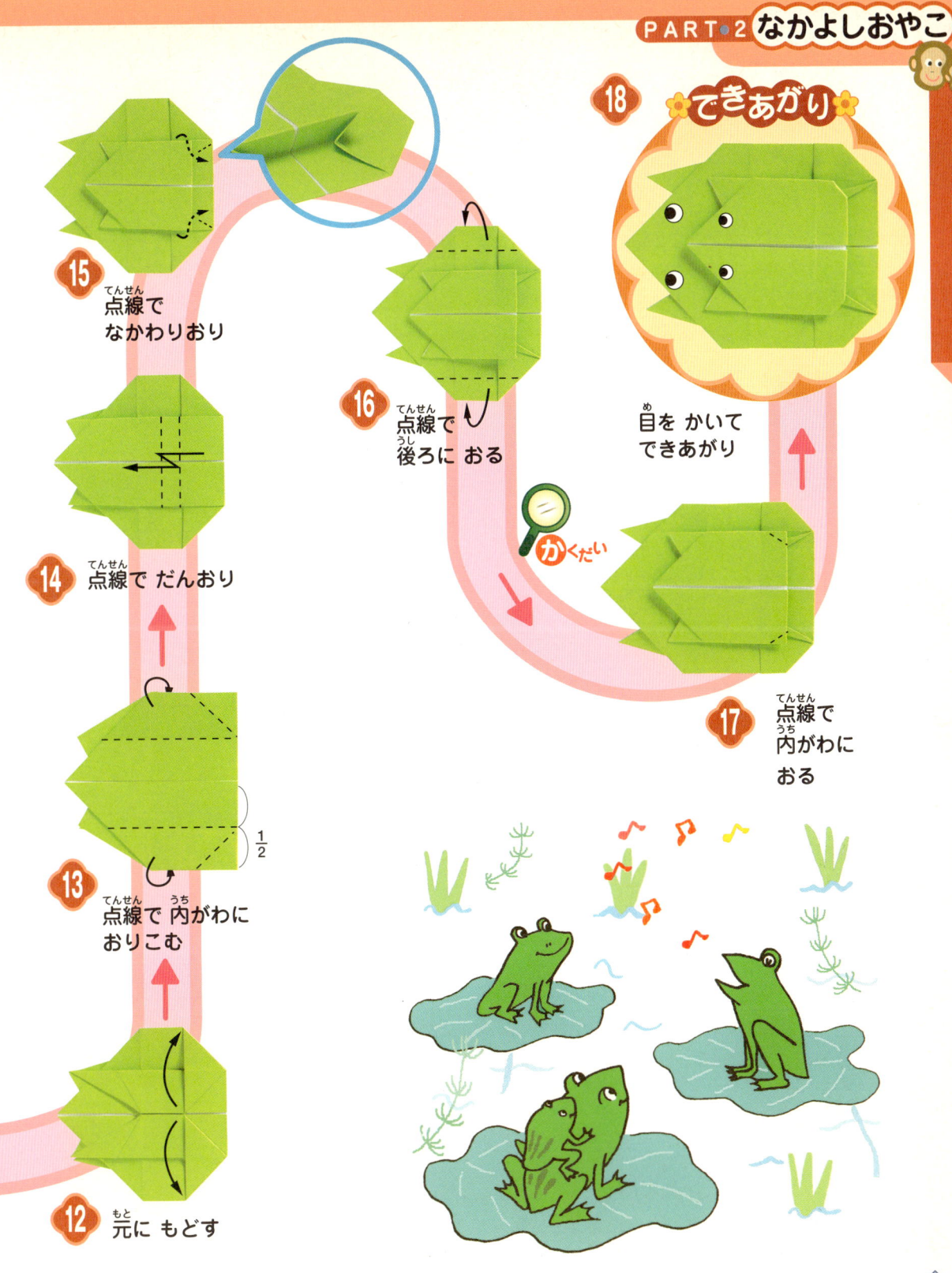

くろねこのおやこ

レベル
🐾🐾🐾🐾

かみの大きさ
15cm×15cm

1

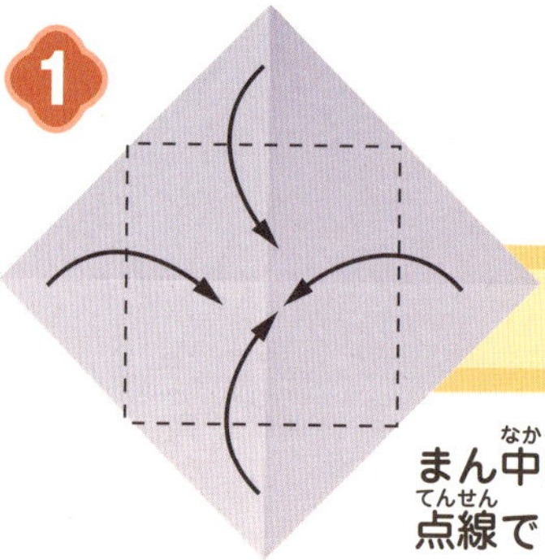

まん中《なか》に むけて
点線《てんせん》で おる

2

左右《さゆう》に ひらく

くろねこのおやこ

3

おって おり目《め》を つけて もどす

4

点線《てんせん》で おる

5

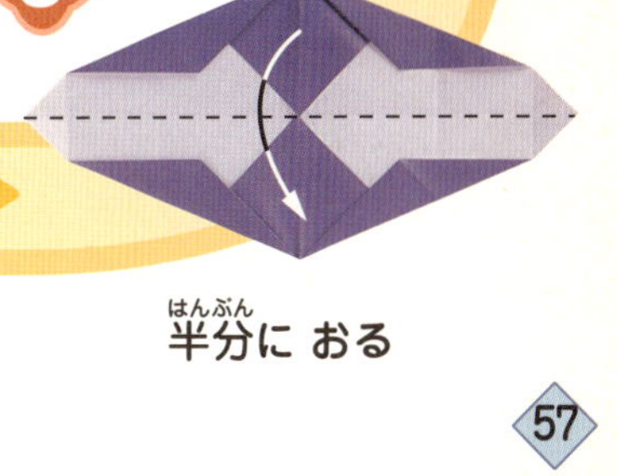

半分《はんぶん》に おる

6 ⇦から ふくろを ひらいて つぶす

7 うらがえす

8 ⑥と 同《おな》じように ⇦から ふくろを ひらいて つぶす

9 うらがえす

10 点線《てんせん》で おる

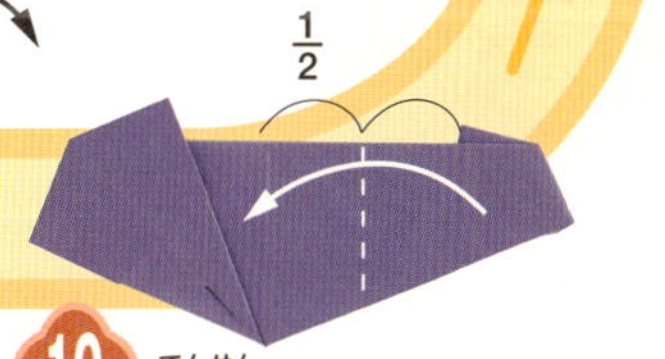

11 むきを かえる

12 点線《てんせん》で おる

13 点線《てんせん》で おる

14 点線《てんせん》で 後《うし》ろに だんおり

15 点線《てんせん》で なかわりおり

16 目《め》を かいて できあがり

できあがり

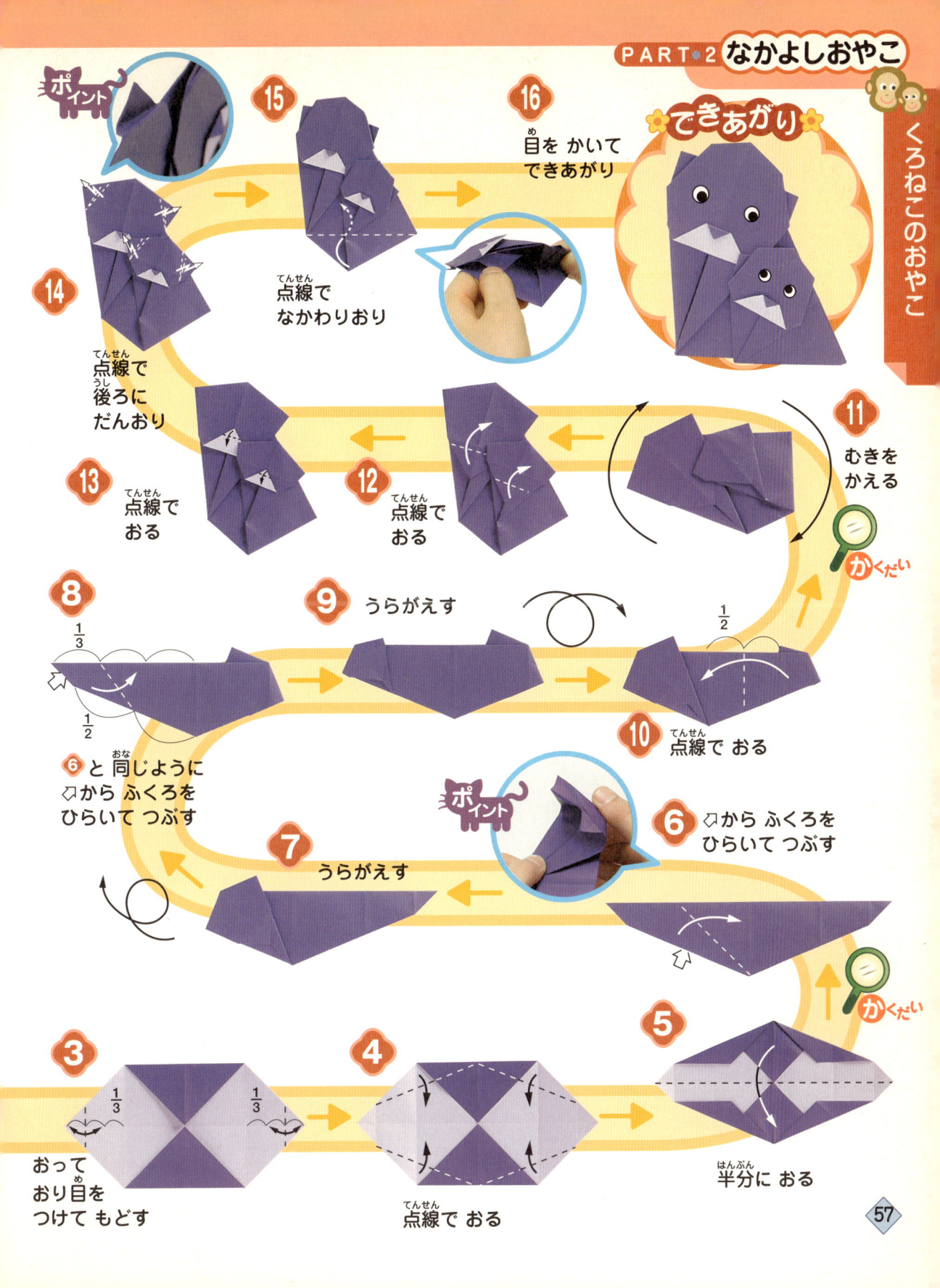

いぬのおやこ

しベル

🐾🐾

かみの大きさ

15cm×15cm

1 さんかくに おる

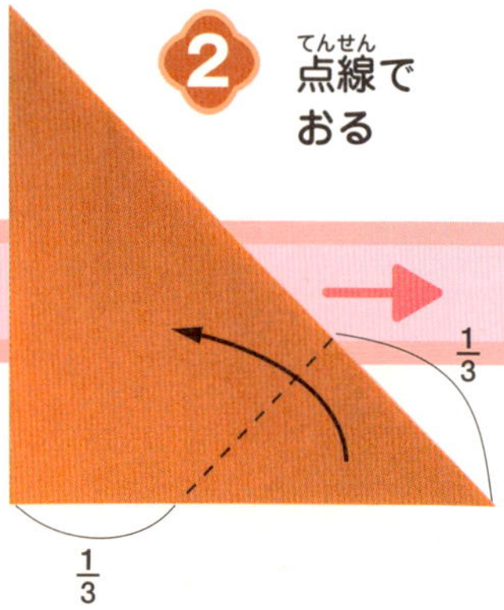

2 点線《てんせん》で
おる

3

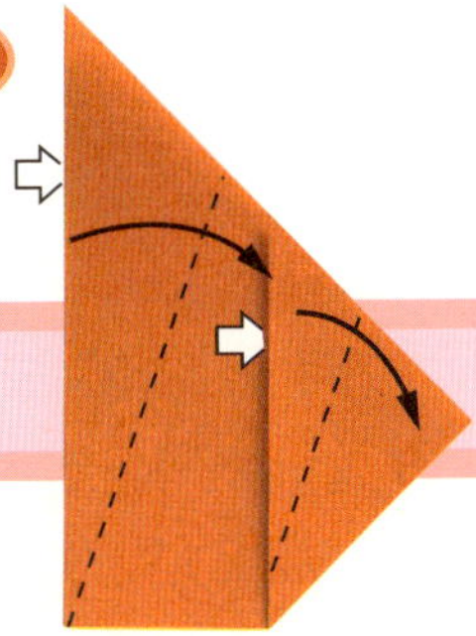

⇨から ふくろを
ひらいて つぶす

かくだい

4

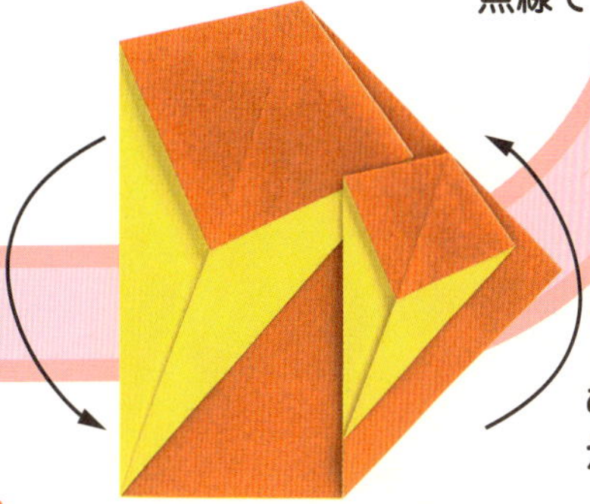

むきを
かえる

5

点線《てんせん》で だんおり

6

点線《てんせん》で おる

7

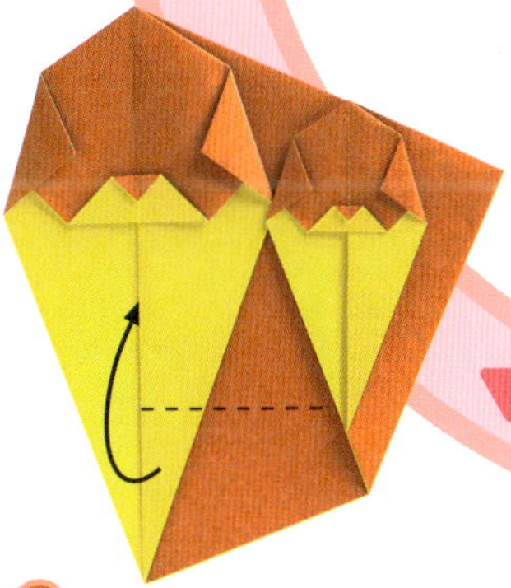

上《うえ》の かみを
点線《てんせん》で 内《うち》がわに おる

8

なかわりおりをして
入《い》れこむ

9

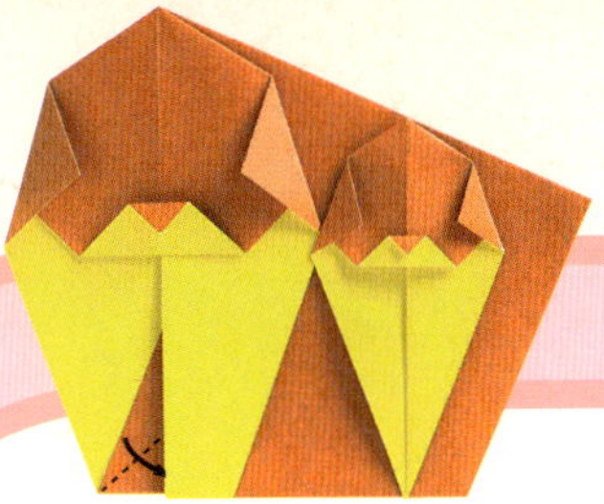

点線《てんせん》で おる

10

できあがり

顔《かお》を かいて
できあがり

たまごからかえる ひよこ

しベル

かみの大きさ
15cm×15cm

さんかくに おって
から はじめます

1

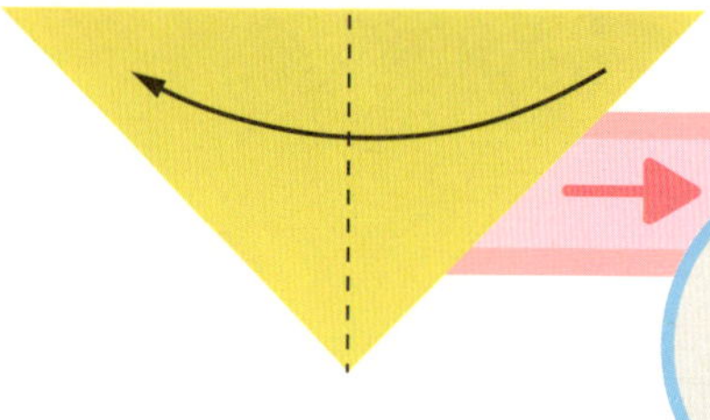

半分《はんぶん》に おる

2

⇨から ふくろを
ひらいて つぶす

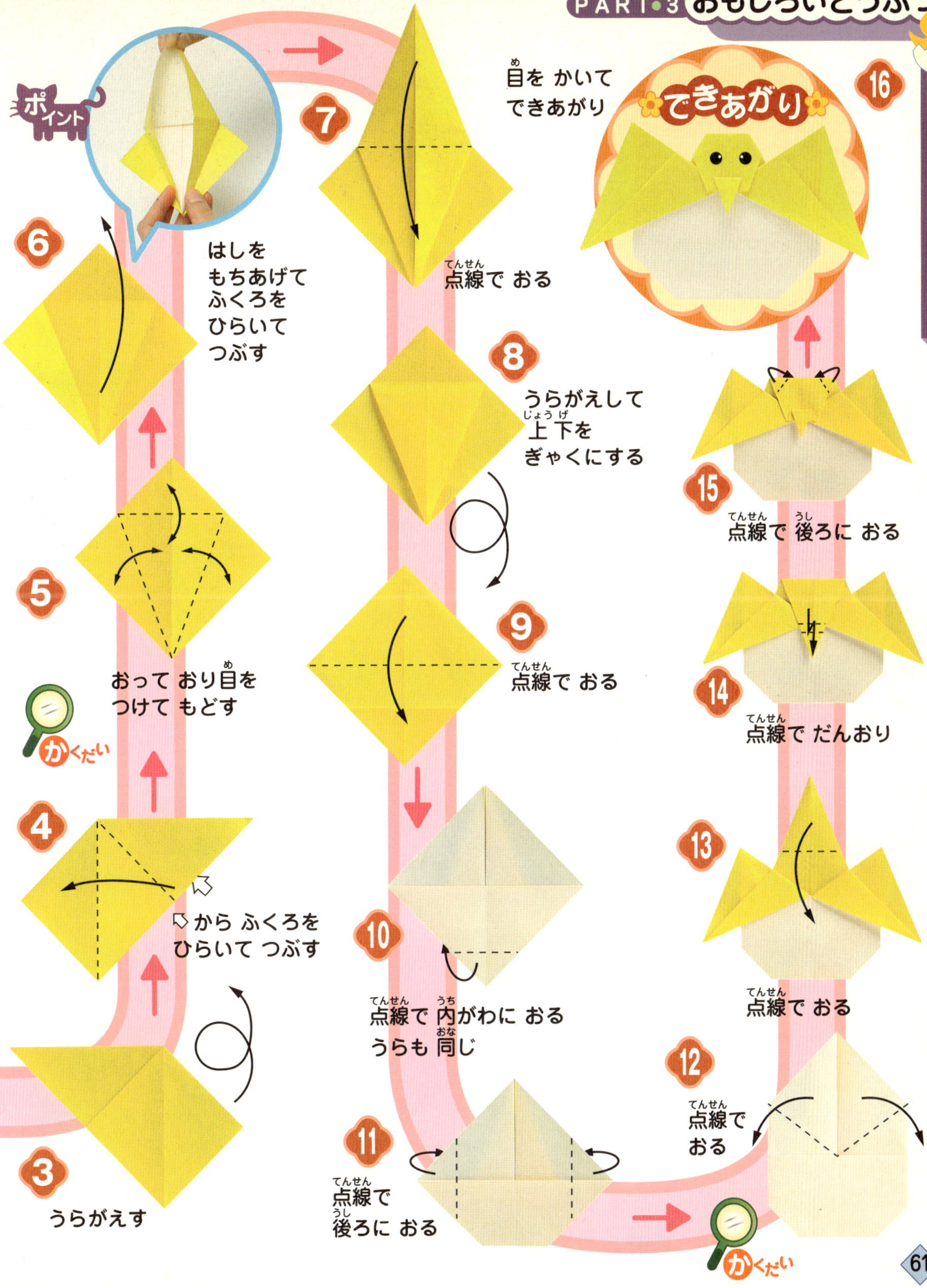
ポイント
3
うらがえす
4
▷から ふくろを ひらいて つぶす
かくだい
5
おって おり目《め》を つけて もどす
6
はしを もちあげて ふくろを ひらいて つぶす
7
点線《てんせん》で おる
8
うらがえして 上《じょう》下《げ》を ぎゃくにする
9
点線《てんせん》で おる
10
点線《てんせん》で 内《うち》がわに おる うらも 同《おな》じ
11
点線《てんせん》で 後《うし》ろに おる
12
点線《てんせん》で おる
かくだい
13
点線《てんせん》で おる
14
点線《てんせん》で だんおり
15
点線《てんせん》で 後《うし》ろに おる
16
できあがり
目《め》を かいて できあがり

チーズを たべる ねずみ

しベル

かみの大きさ

15cm×15cm

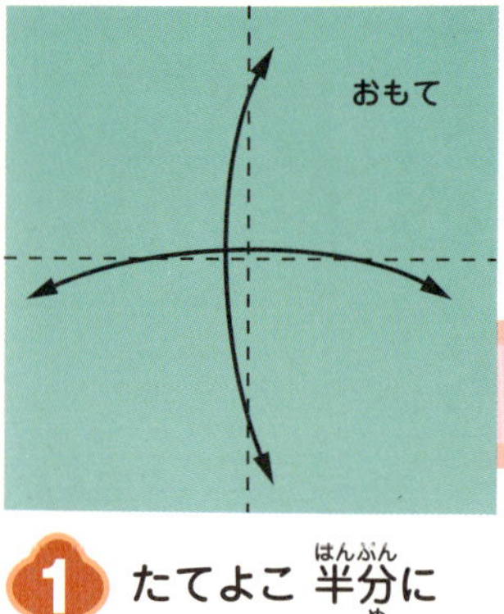

1 たてよこ 半分《はんぶん》に おって おり目《め》を つけて もどす

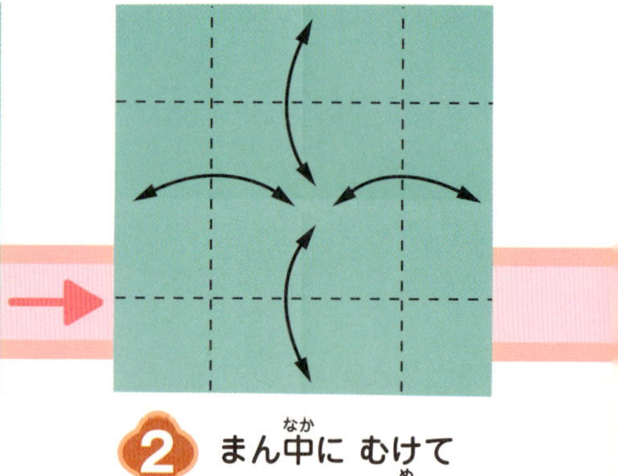

2 まん中《なか》に むけて おって おり目《め》を つけて もどす

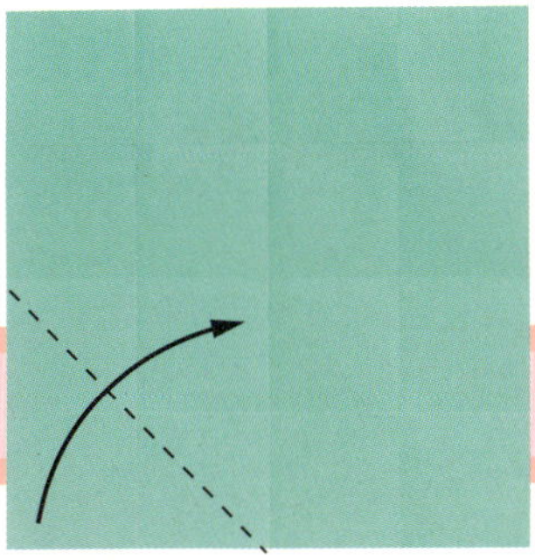

3 まん中《なか》に むけて 点線《てんせん》で おる

4 うらがえす

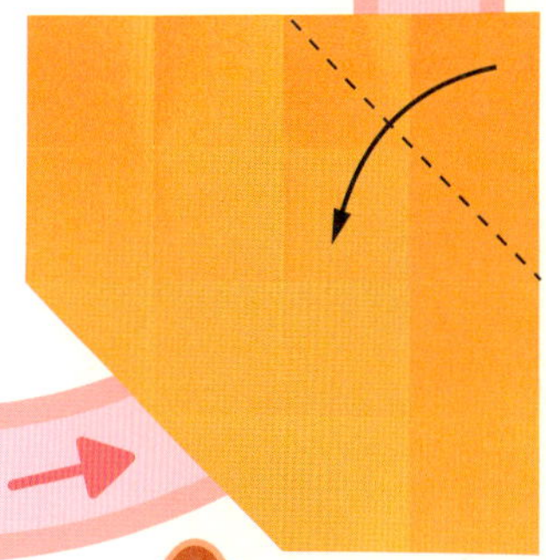

5 まん中《なか》に むけて 点線《てんせん》で おる

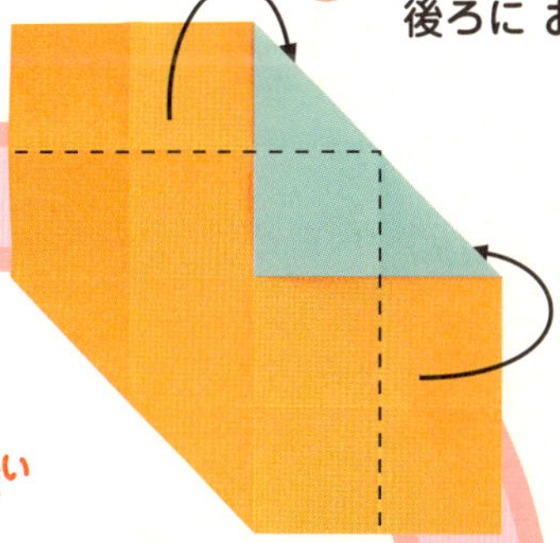

6 点線《てんせん》で 後《うし》ろに おる

7 点線《てんせん》で おる

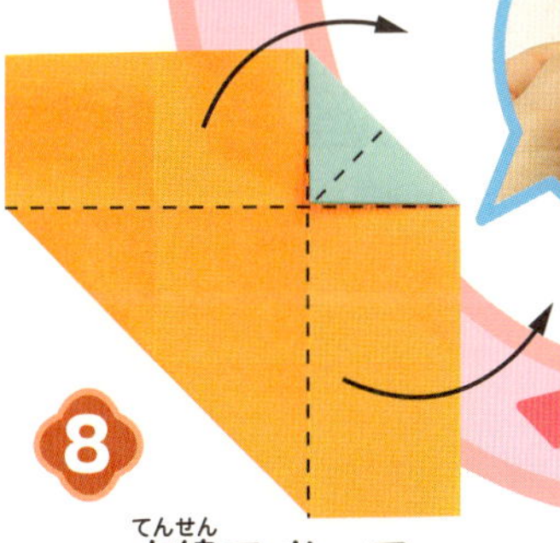

8 点線《てんせん》で おって 立体《りったい》にする

9 点線《てんせん》で かぶせおり

10 ねずみの 内《うち》がわに のりを つけて 形《かたち》を ととのえる

11 顔《かお》を かいて できあがり

いえのまえのいぬ

しレベル

かみの大きさ

20cm×20cm

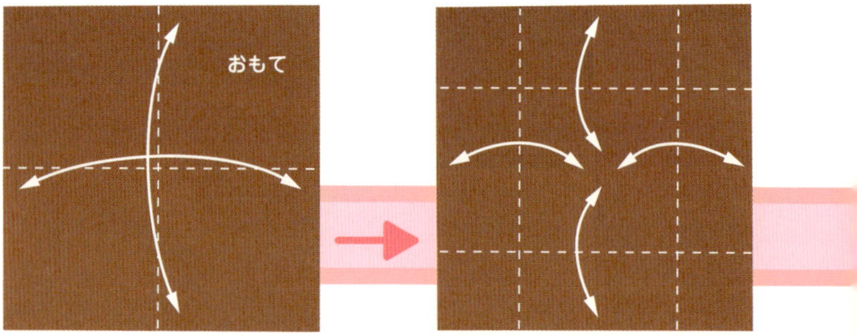

1 たてよこ 半分《はんぶん》に おって
おり目《め》を つけて もどす

2 まん中《なか》に むけて おって
おり目《め》を つけて もどす

3 点線《てんせん》で 後《うし》ろに おる

4 ⇨から ふくろを ひらいて つぶす

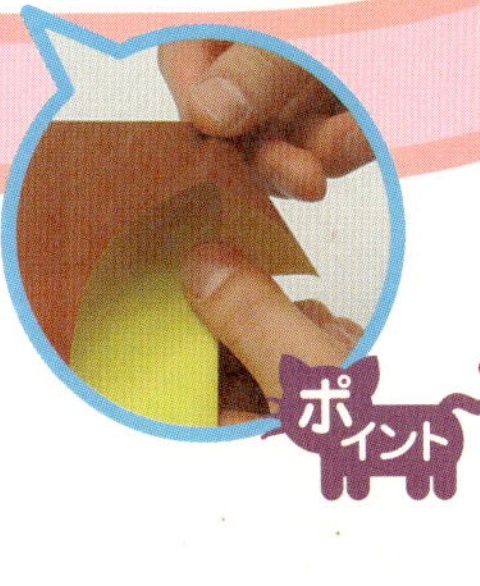

ポイント

かくだい

ポイント

⇦から ふくろを ひらいて つぶす

5

6

ポイント

⇦から ふくろを ひらいて つぶす

7 点線《てんせん》で おる

8 点線《てんせん》で おる

9 点線《てんせん》で 後《うし》ろに おる

10 点線《てんせん》で 後《うし》ろに おる

11 まん中《なか》で すこし おる

できあがり

顔《かお》を かいて できあがり

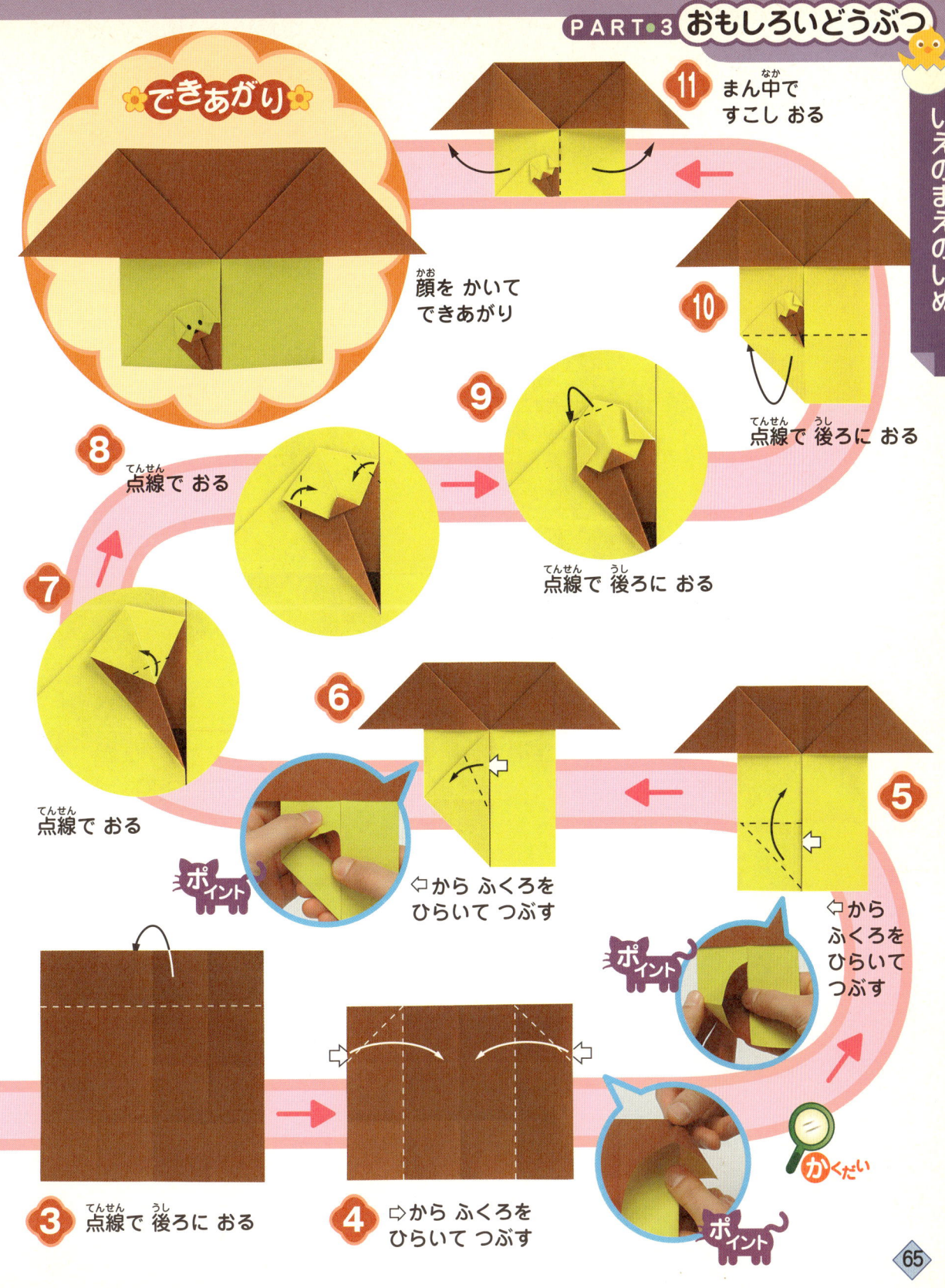

たまごからかえるきょうりゅう

たまごからかえるきょうりゅう

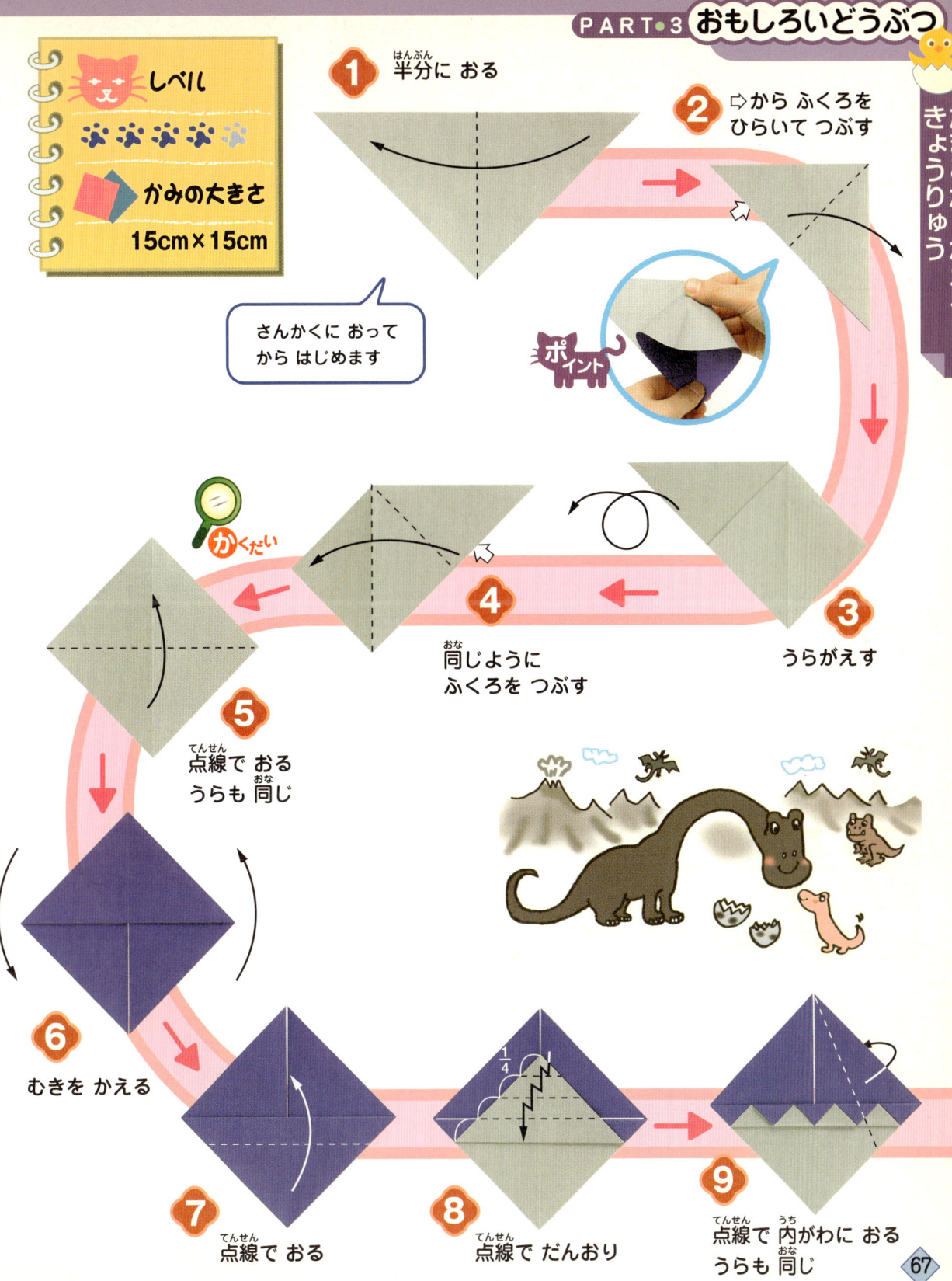

レベル

かみの大きさ

15cm×15cm

1 半分《はんぶん》に おる

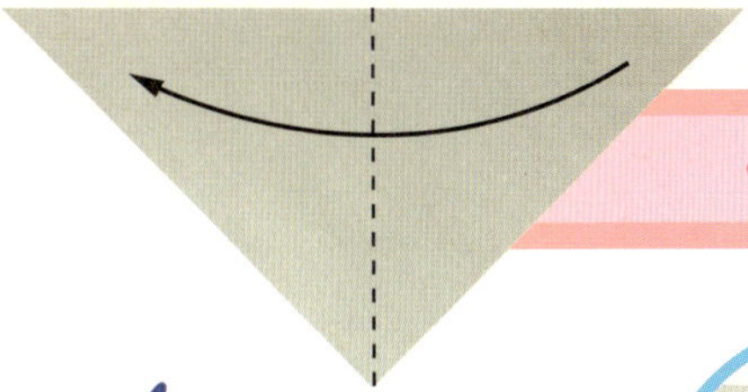

さんかくに おって
から はじめます

2 ⇨から ふくろを
ひらいて つぶす

3 うらがえす

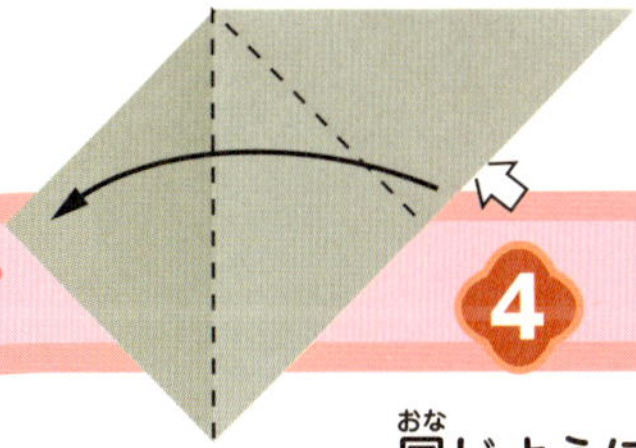

4 同《おな》じように
ふくろを つぶす

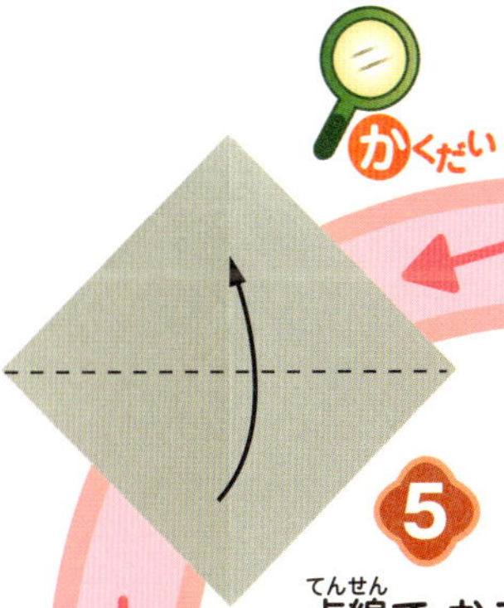

5 点線《てんせん》で おる
うらも 同《おな》じ

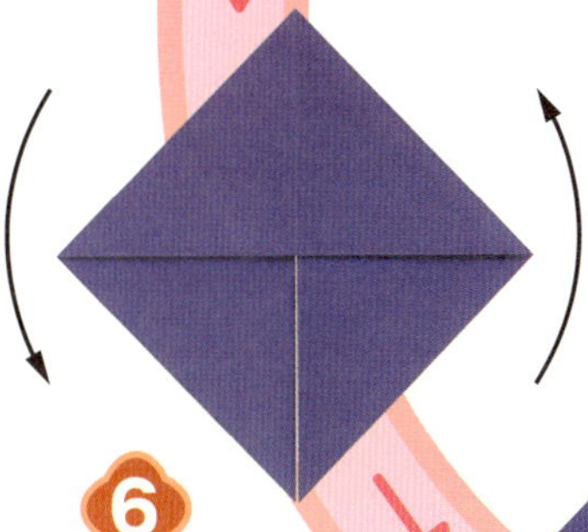

6 むきを かえる

7 点線《てんせん》で おる

8 点線《てんせん》で だんおり

9 点線《てんせん》で 内《うち》がわに おる
うらも 同《おな》じ

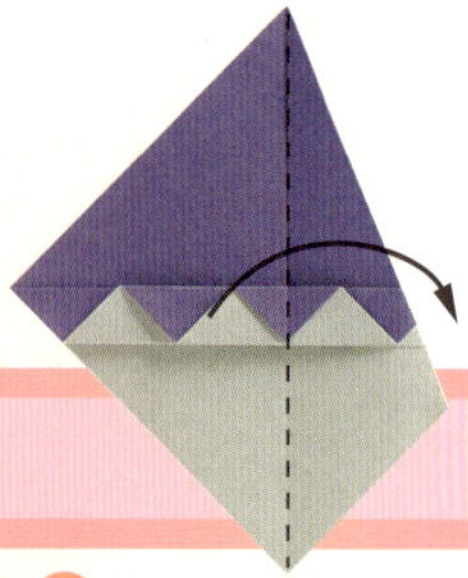

10 ひろげる

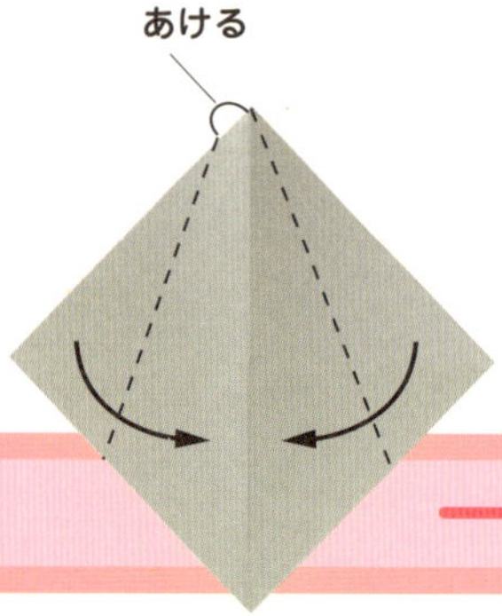

11 まん中《なか》に むけて
点線《てんせん》で おる

かくだい

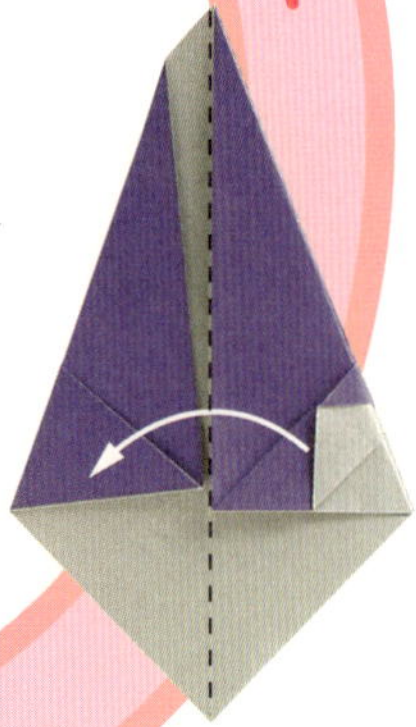

12 点線《てんせん》で おる

13 ⇨から ふくろを
ひらいて つぶす

14 点線《てんせん》で おる

15 点線《てんせん》で なかわりおり

16 点線《てんせん》で おる
うらも 同《おな》じ

17 点線《てんせん》で 内《うち》がわに おる
うらも 同《おな》じ

18 できあがり

目《め》を かいて
できあがり

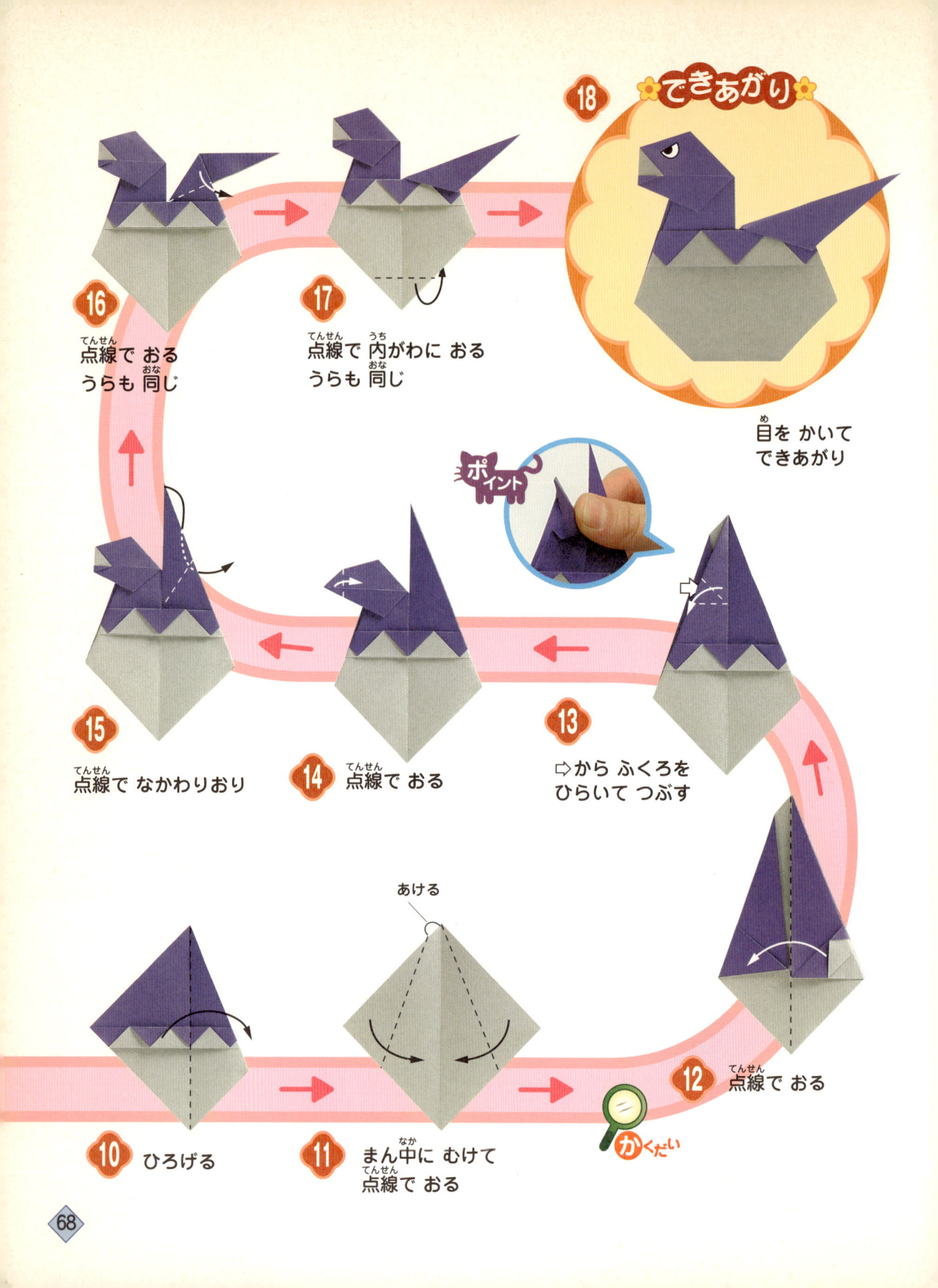

ビルにのぼるゴリラ

レベル

かみの大きさ

20cm×20cm

1

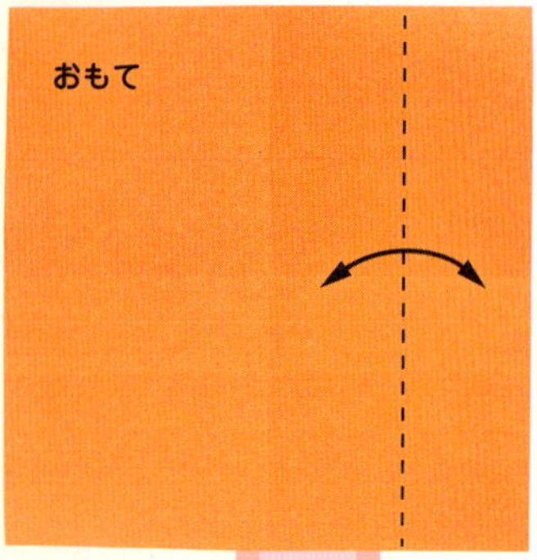

まん中《なか》に むけて
おって おり目《め》を つけて もどす

2

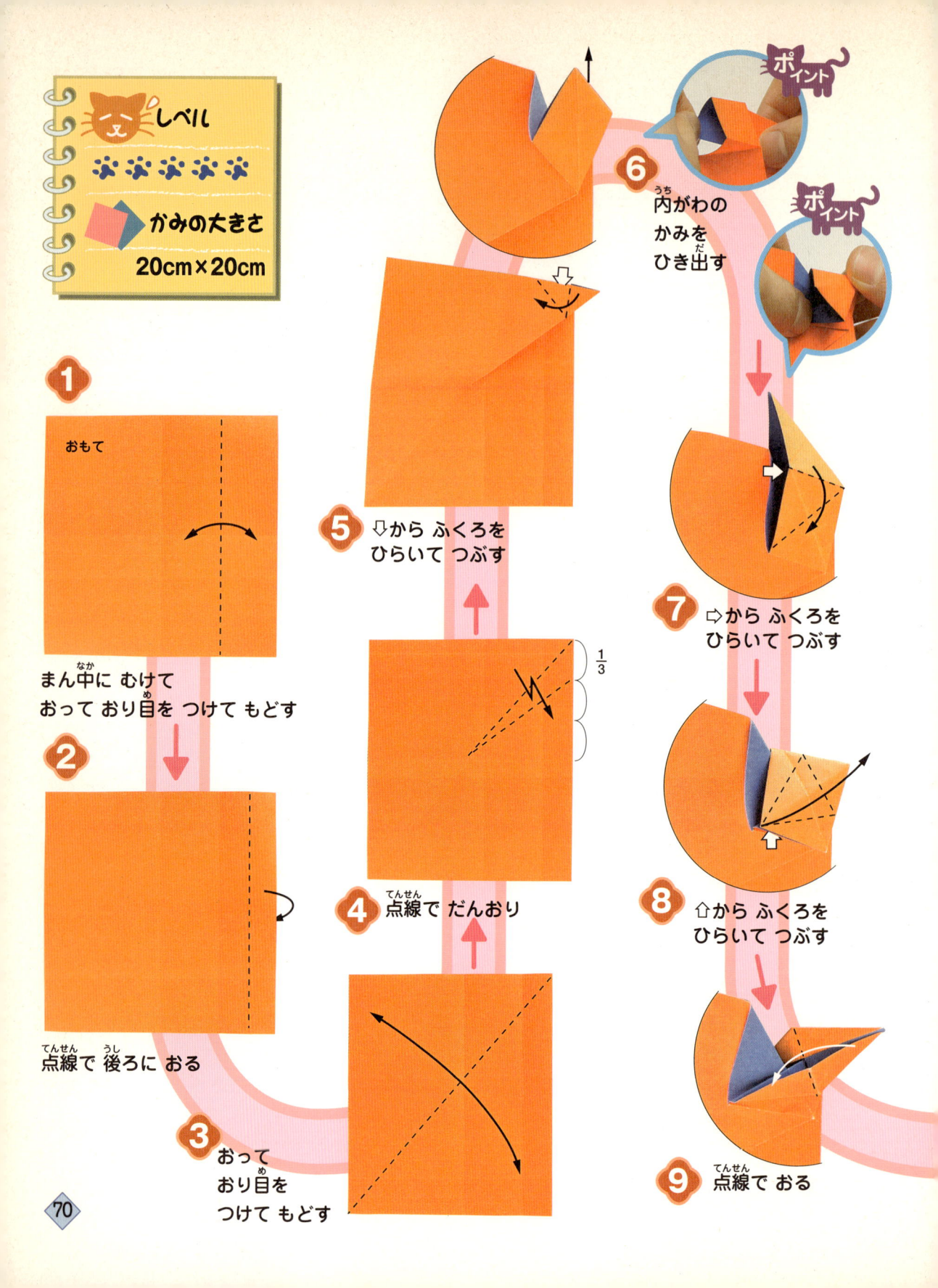

点線《てんせん》で 後《うし》ろに おる

3

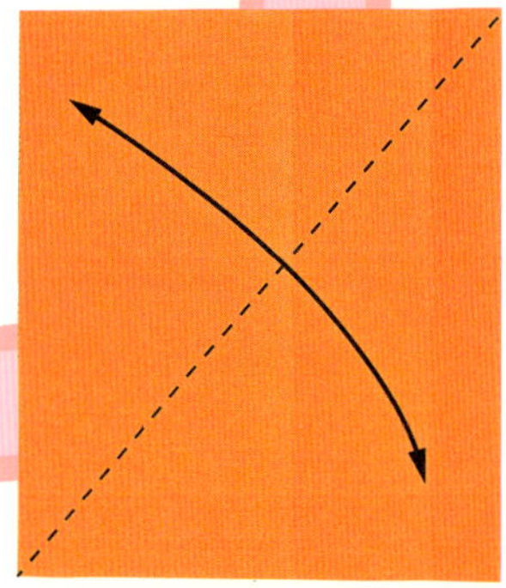

おって
おり目《め》を
つけて もどす

4

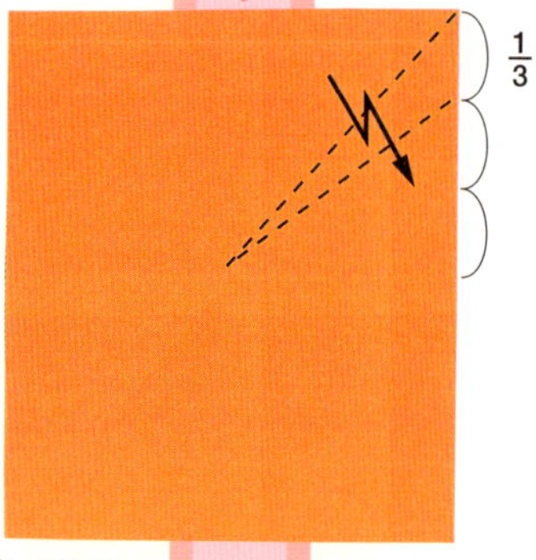

点線《てんせん》で だんおり

5

⇩から ふくろを
ひらいて つぶす

6

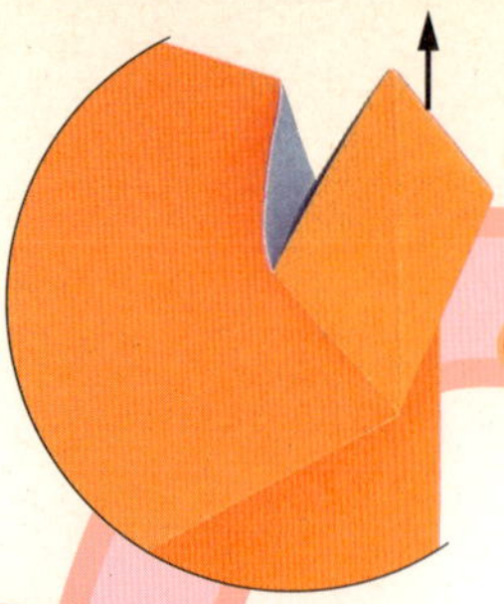

内《うち》がわの
かみを
ひき出《だ》す

7

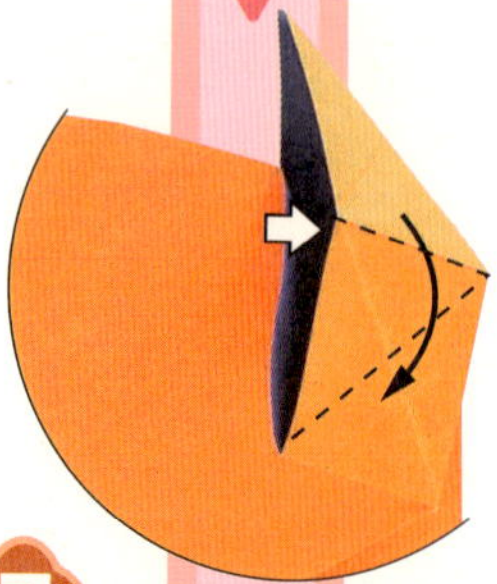

⇨から ふくろを
ひらいて つぶす

8

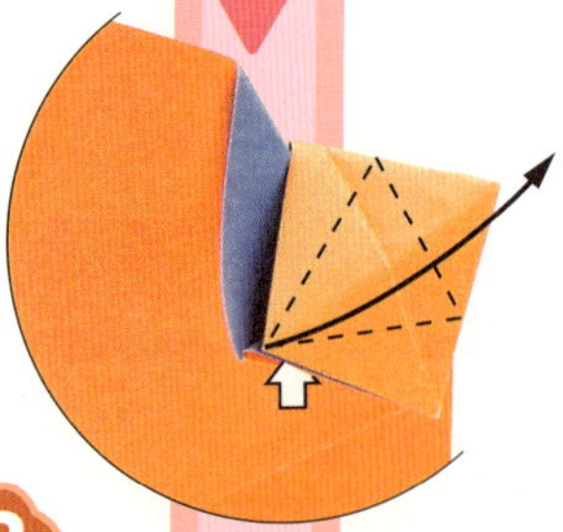

⇧から ふくろを
ひらいて つぶす

9

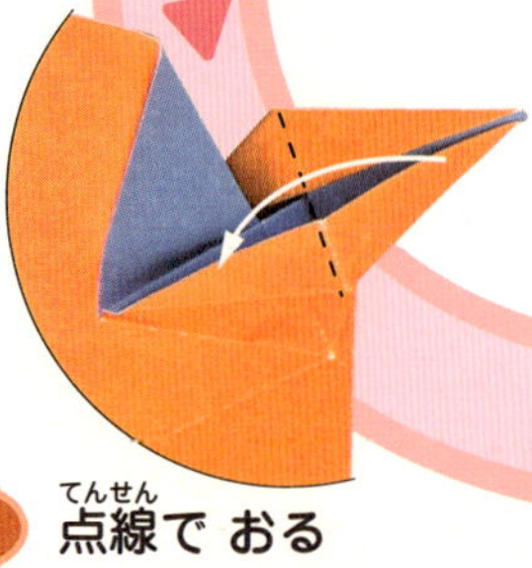

点線《てんせん》で おる

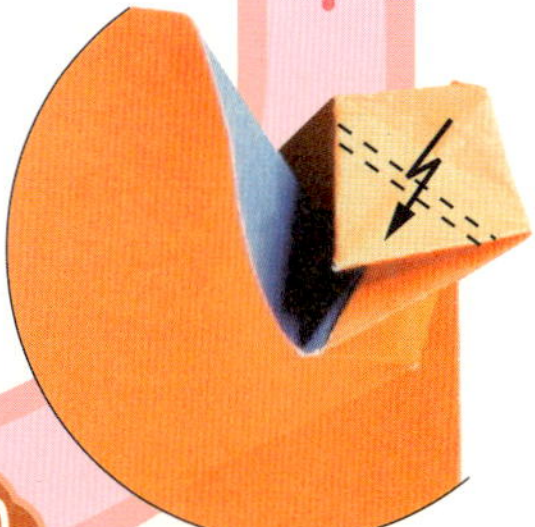

10 点線《てんせん》で 後《うし》ろに だんおり

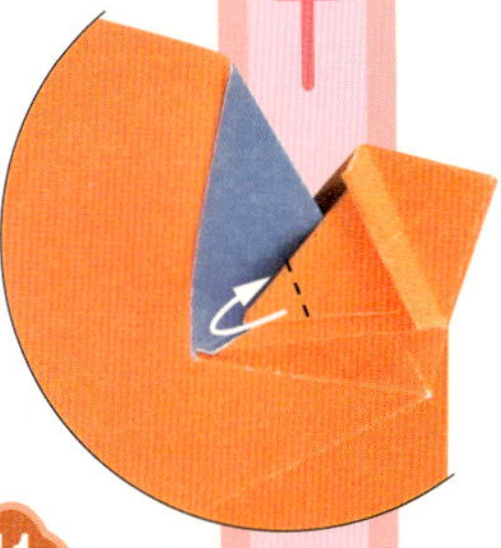

11 点線《てんせん》で 内《うち》がわに おる

かくだい

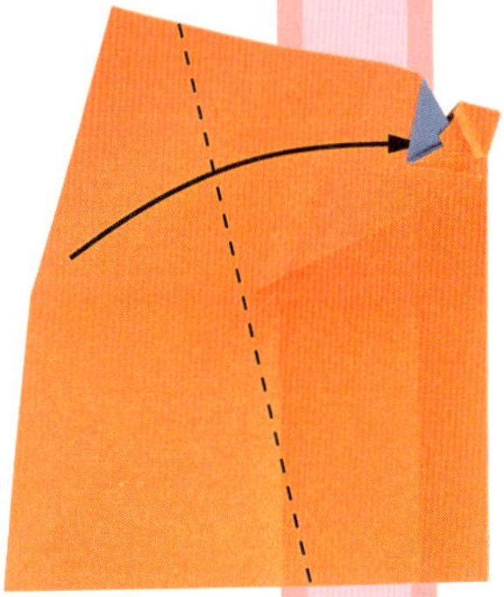

12 点線《てんせん》で おる

13 うらがえす

14 点線《てんせん》で おる

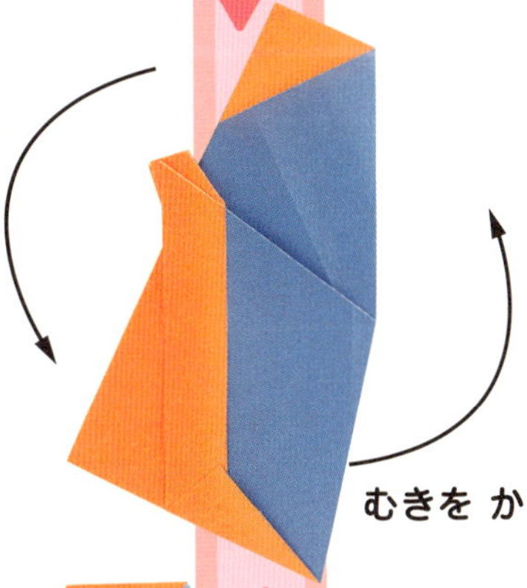

15 むきを かえる

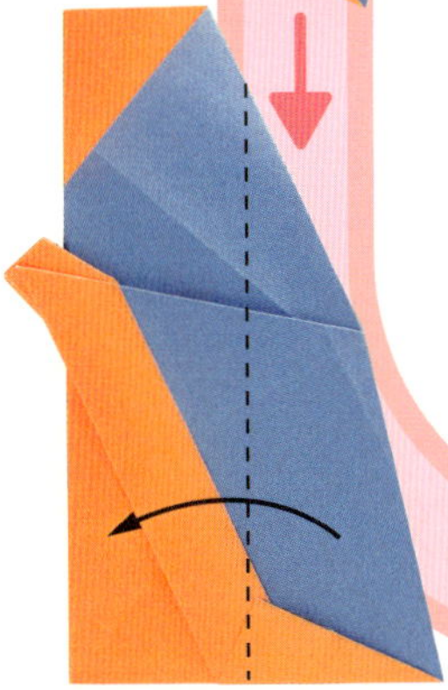

16 点線《てんせん》で おる

17 点線《てんせん》で だんおり

18 点線《てんせん》で おる

19 うらがえす

できあがり

20 顔《かお》と まどを かいて できあがり

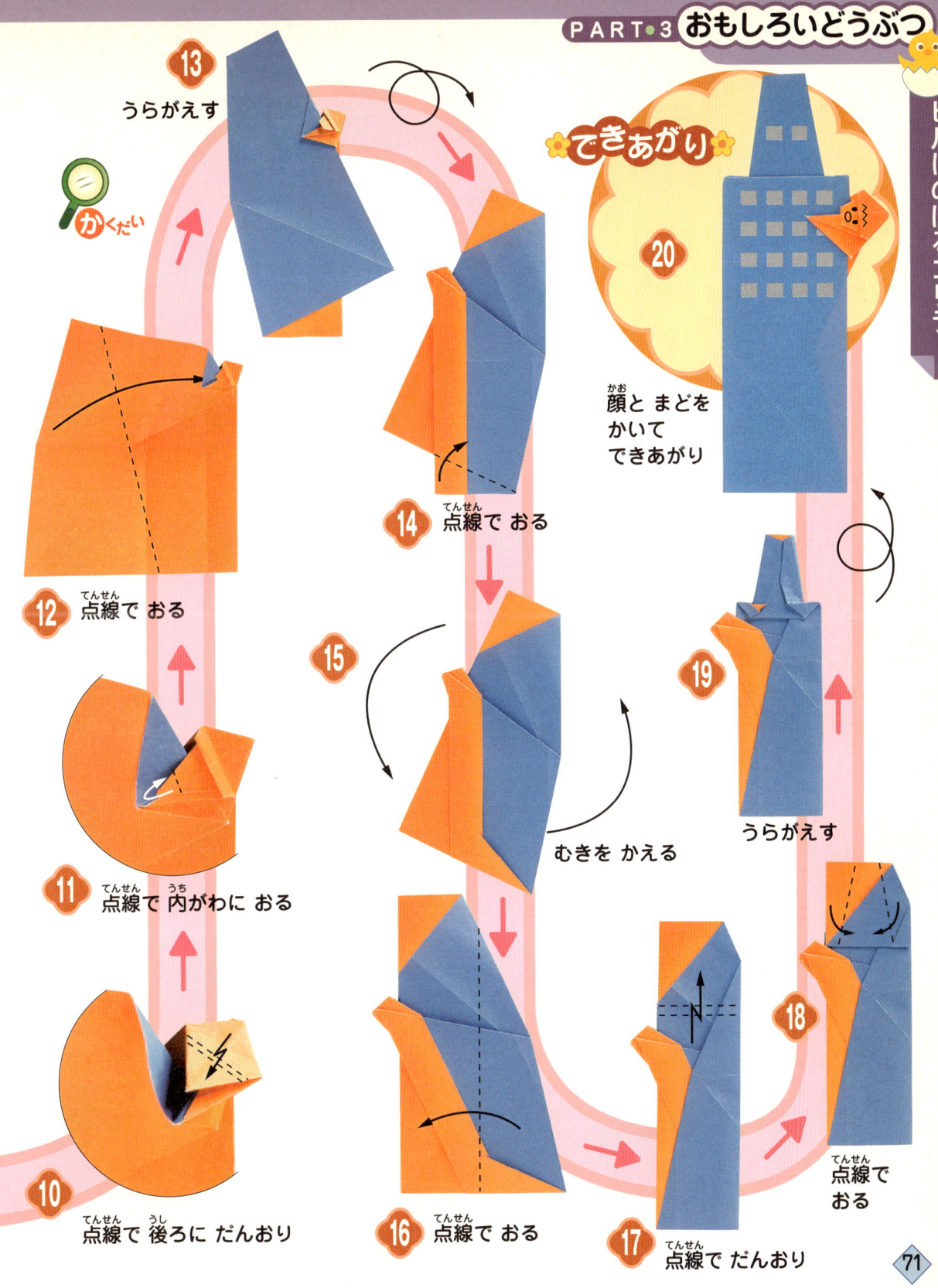

ボートの上《うえ》のいぬ

レベル

かみの大《おお》きさ
15cm×15cm

〈前《まえ》むき〉

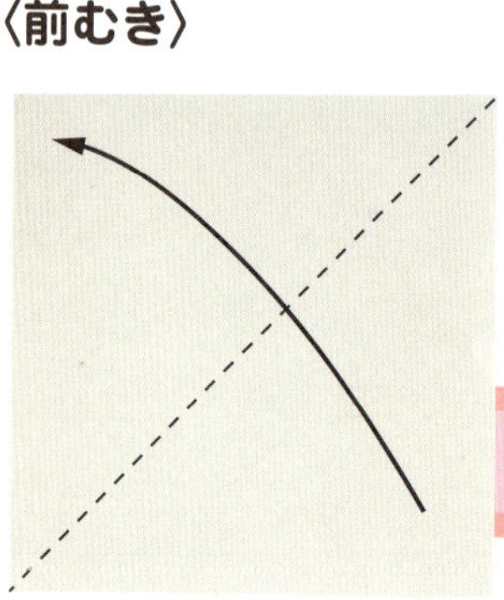

1 さんかくに おる

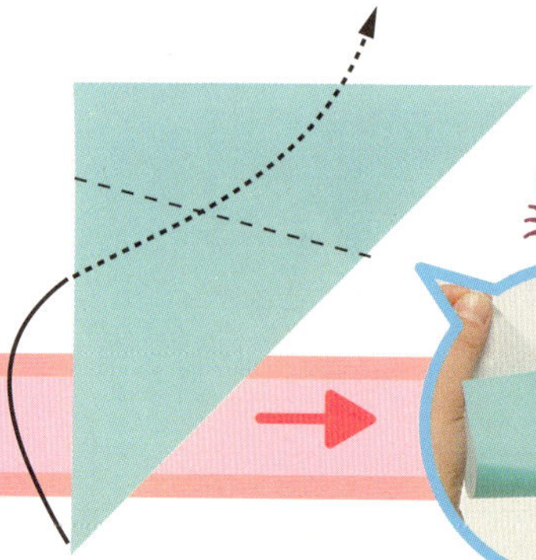

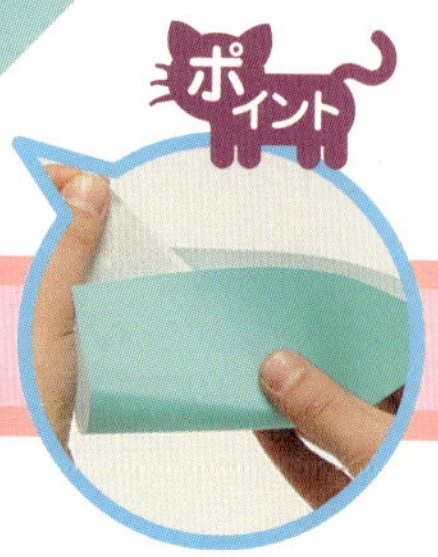

2 点線《てんせん》で なかわりおり

ボートの上のいぬ

レベル

かみの大きさ

15cm×15cm

〈よこむき〉

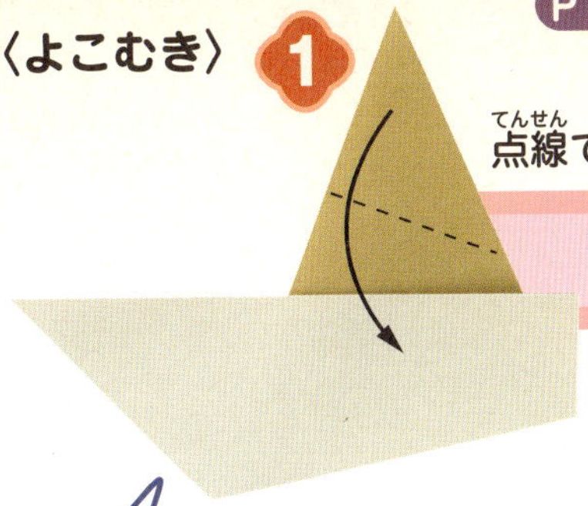

1

点線《てんせん》で おる

2

点線《てんせん》で なかわりおり

ポイント

3 点線《てんせん》で おる

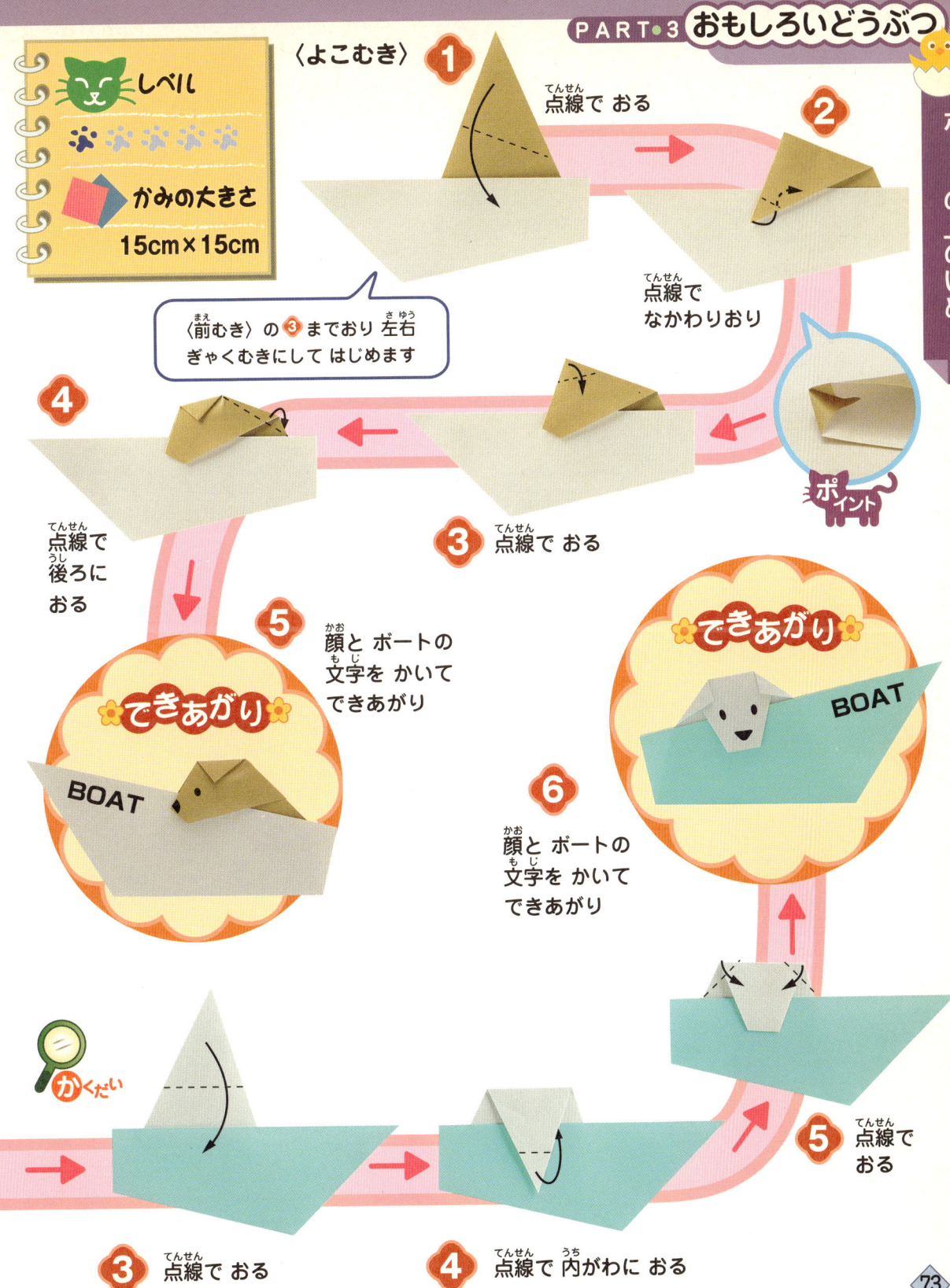

4

点線《てんせん》で 後《うし》ろに おる

5

顔《かお》と ボートの 文字《もじ》を かいて できあがり

できあがり
BOAT

〈前《まえ》むき〉の③までおり 左右《さゆう》ぎゃくむきにして はじめます

かくだい

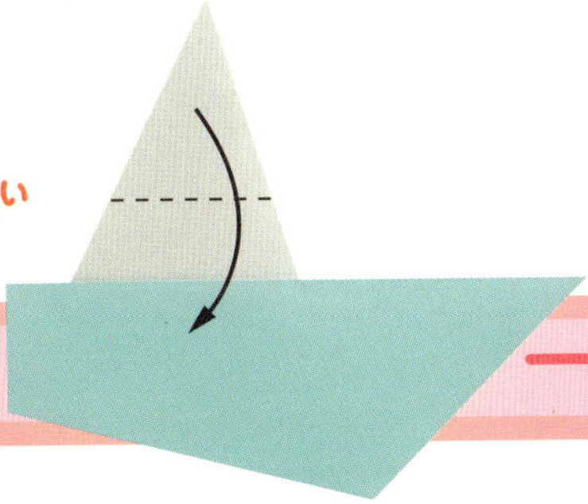

3 点線《てんせん》で おる

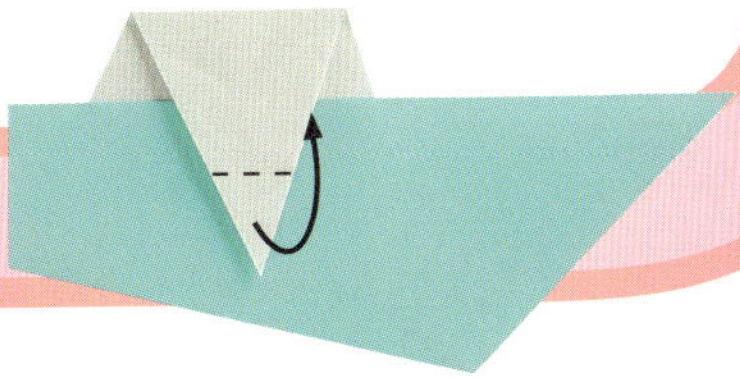

4 点線《てんせん》で 内《うち》がわに おる

5 点線《てんせん》で おる

6

顔《かお》と ボートの 文字《もじ》を かいて できあがり

できあがり
BOAT

ざぶとんに すわる ねこ

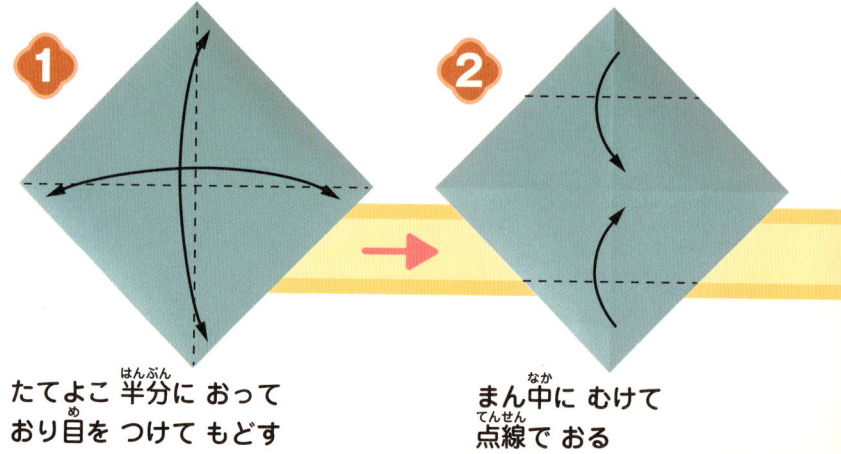

しベル

かみの大きさ

15cm×15cm

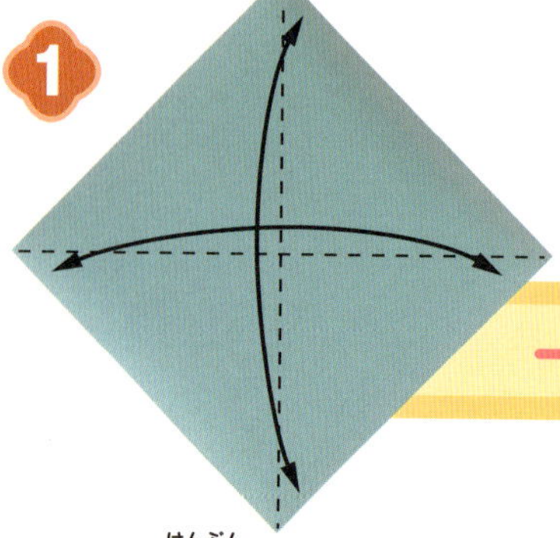

たてよこ 半分《はんぶん》に おって
おり目《め》を つけて もどす

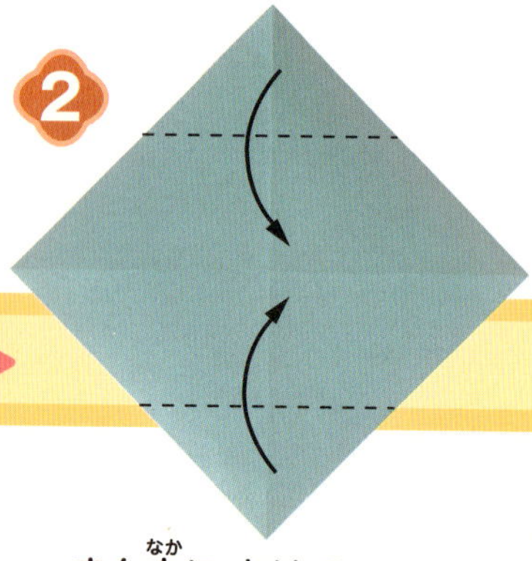

まん中《なか》に むけて
点線《てんせん》で おる

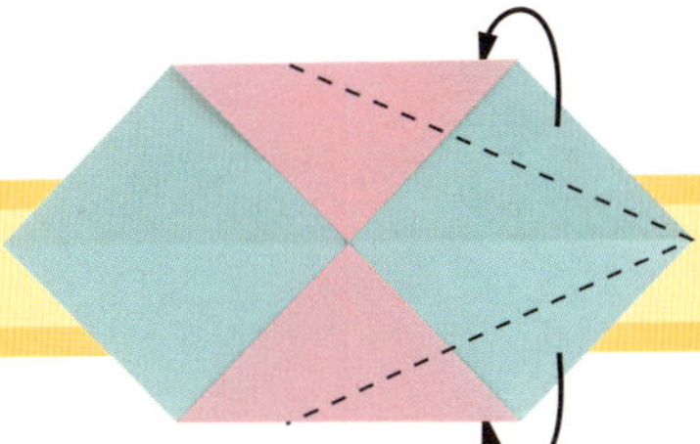

3 点線《てんせん》で 後《うし》ろに おる

かくだい

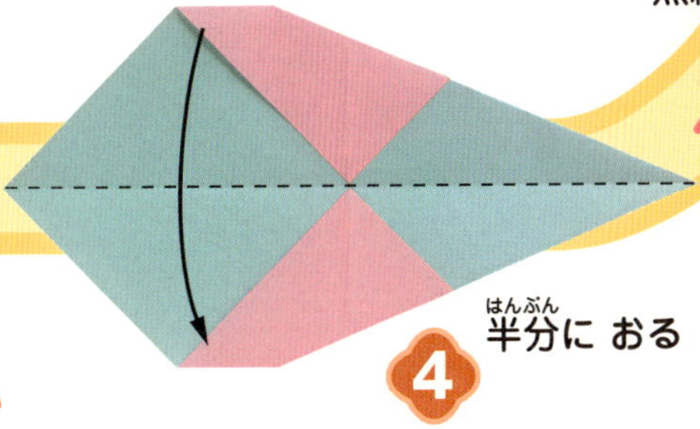

4 半分《はんぶん》に おる

5 点線《てんせん》で かぶせおり

6 ⇦から ふくろを ひらいて つぶす

7 点線《てんせん》で 内《うち》がわに おる

8 点線《てんせん》で 後《うし》ろに だんおり

かくだい

9 点線《てんせん》で 内《うち》がわに おる

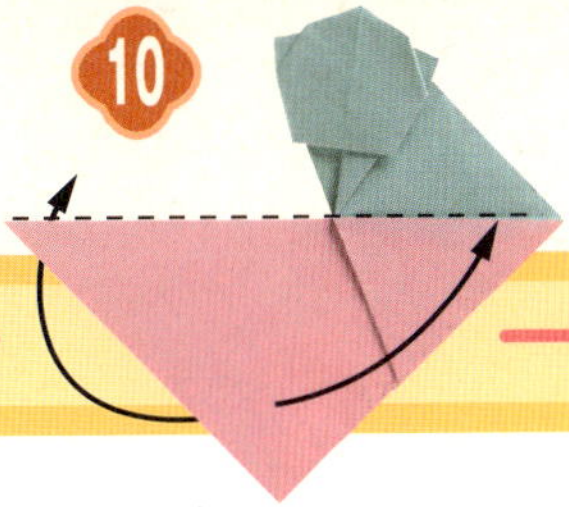

10 前《まえ》と 後《うし》ろに ひらいて 水平《すいへい》に する

顔《かお》を かいて できあがり

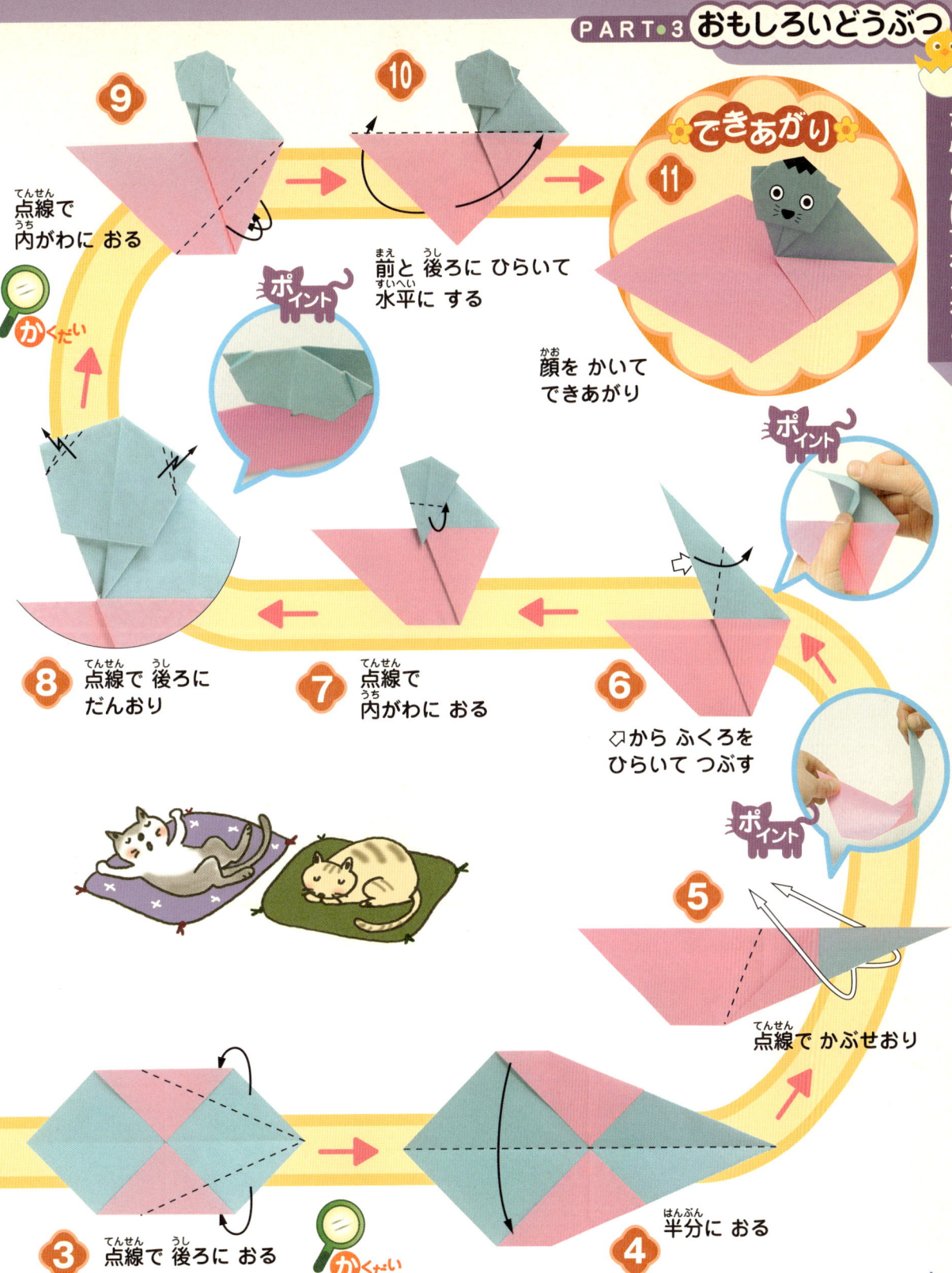

はっぱの上《うえ》の かたつむり

しべル

かみの大きさ
15cm×15cm

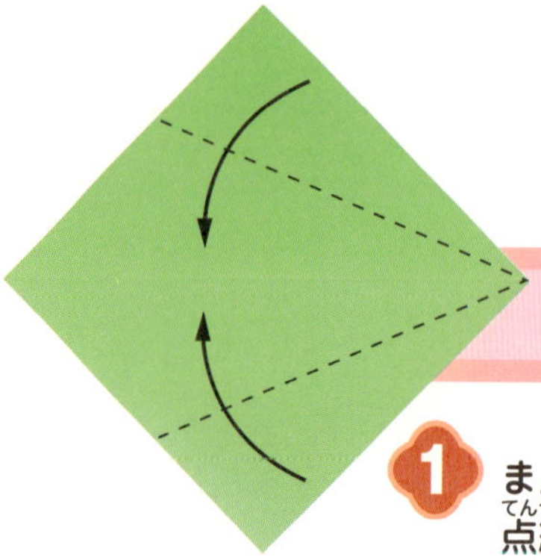

1 まん中《なか》に むけて
点線《てんせん》で おる

2 うらがえす

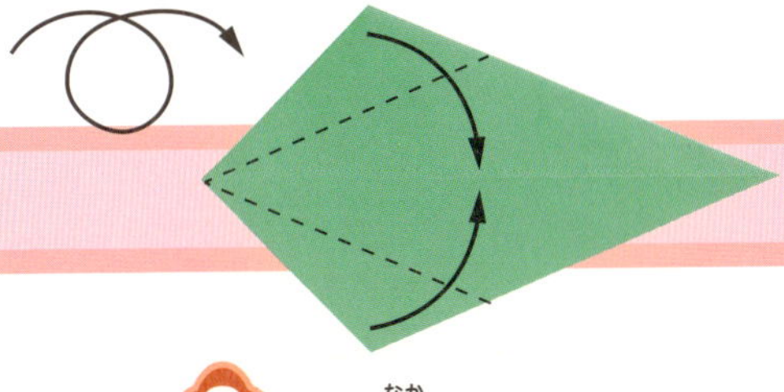

3 まん中《なか》に むけて 点線《てんせん》で おる

かくだい

4 おって おり目《め》を つけて もどす

5 点線《てんせん》で おる

かくだい

6 ⇦から ふくろを ひらいて つぶす

ポイント

7 半分《はんぶん》に おる

8 点線《てんせん》で なかわりおり

ポイント

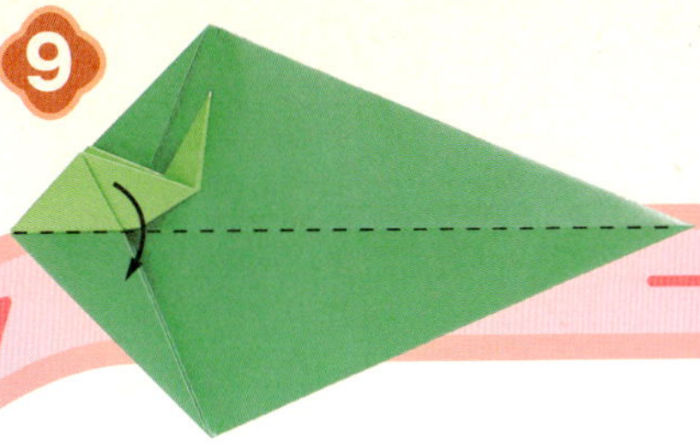

9 かたつむりを 立《た》てる

10

目《め》と もようを かいて できあがり

水《みず》の上《うえ》のはくちょう

レベル

かみの大きさ

15cm×15cm

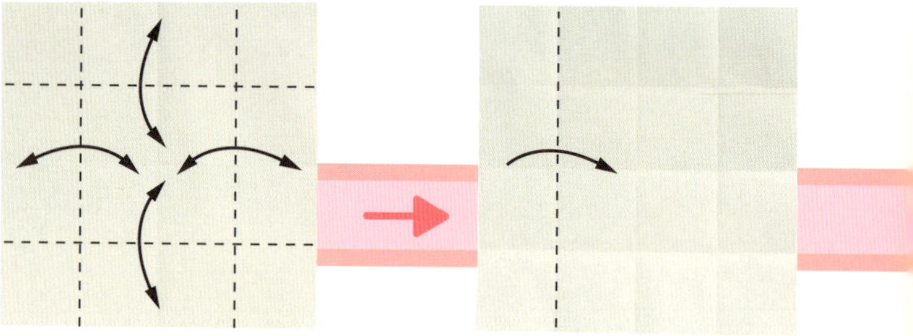

1 まん中《なか》に むけて おって
おり目《め》を つけて もどす

2 点線《てんせん》で おる

水の上のはくちょう

ポイント

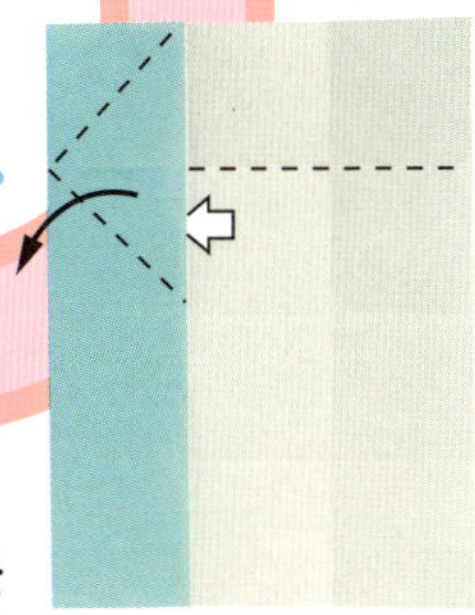

3 ⇦から ふくろを ひらいて つぶす

ポイント

4 ⇧から ふくろを ひらいて つぶす

ポイント

5 ⇨から ふくろを ひらいて つぶす

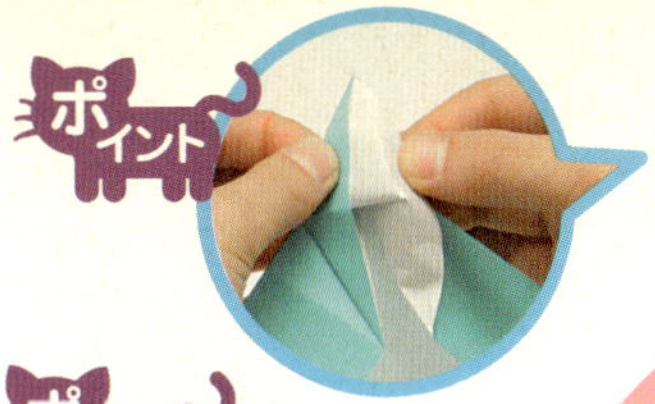
ポイント

6 ⇧から ふくろを ひらいて 後《うし》ろに おりこむ

7 半分《はんぶん》に おる

ポイント

8 点線《てんせん》で なかわりおり

ポイント

9 点線《てんせん》で なかわりおり

10 点線《てんせん》で 後《うし》ろに おる

11 点線《てんせん》で おって 立《た》てる

できあがり

12 目《め》を かいて できあがり

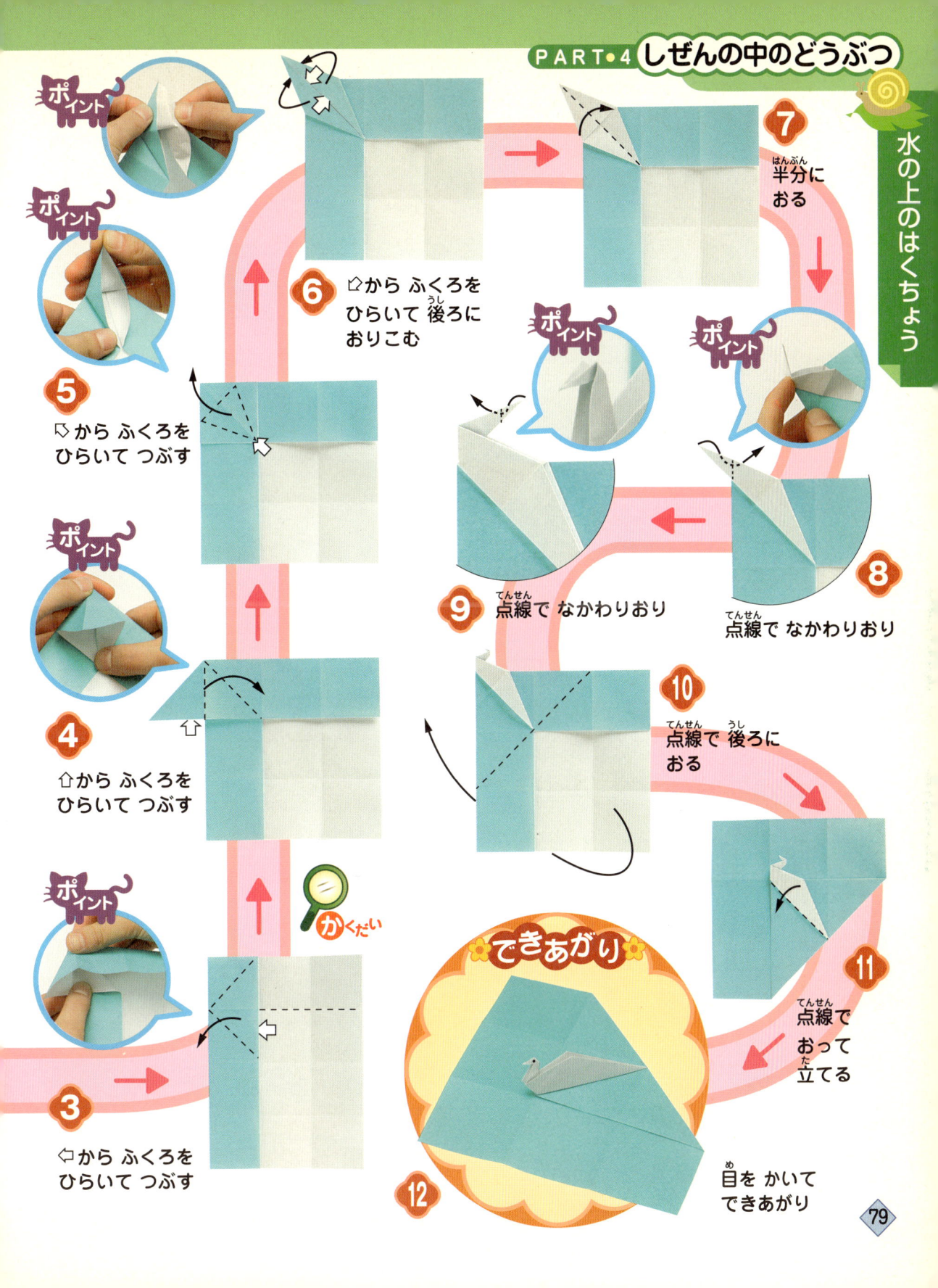

はすの上《うえ》のかえる

レベル

かみの大《おお》きさ

18cm×18cm

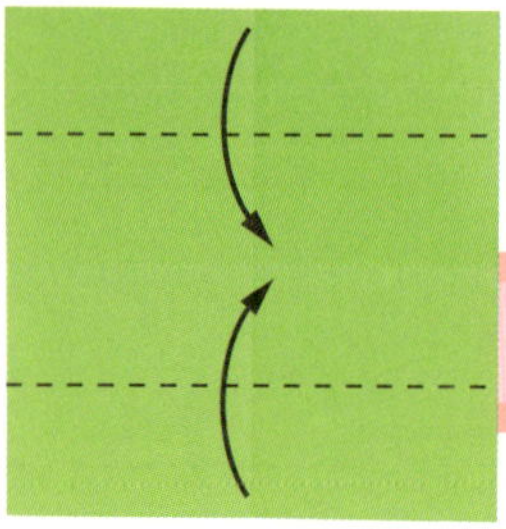

1 まん中《なか》に むけて
点線《てんせん》で おる

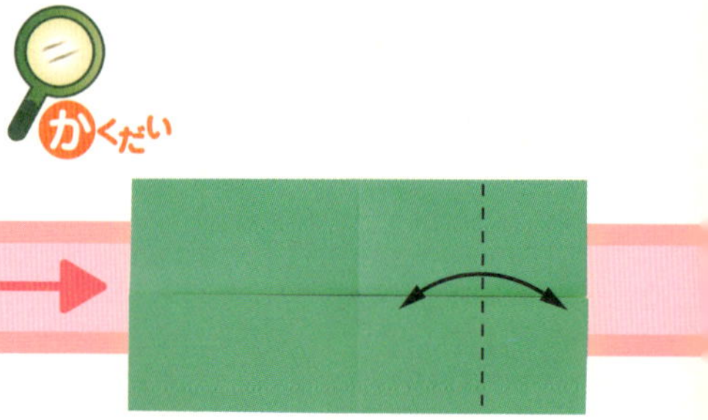

2 おって おり目《め》を
つけて もどす

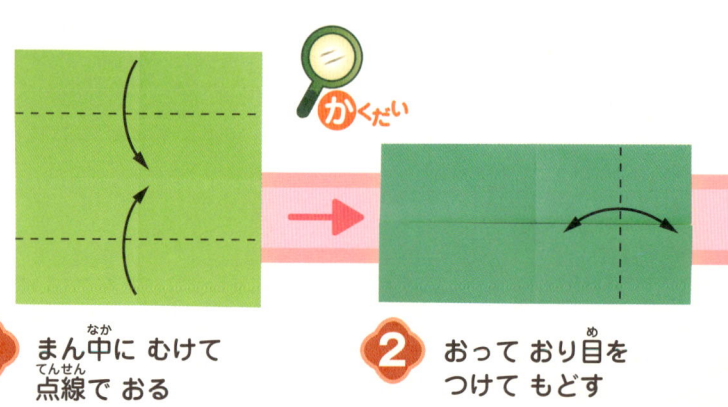

3 おって おり目《め》を つけて もどす

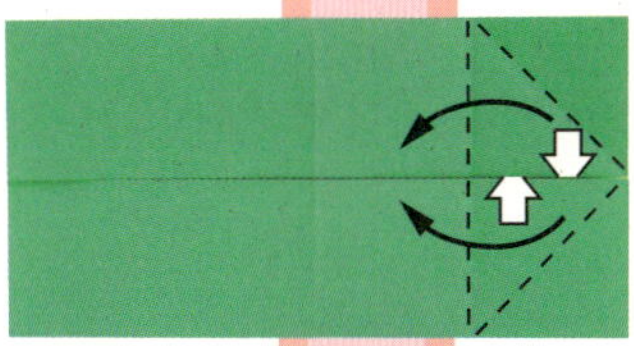

4 ⇦から ふくろを ひらいて つぶす

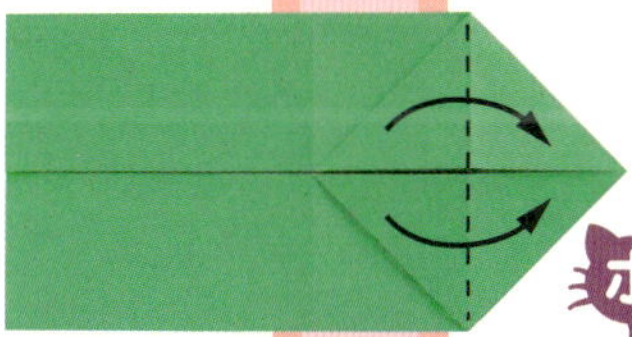

5 点線《てんせん》で おる

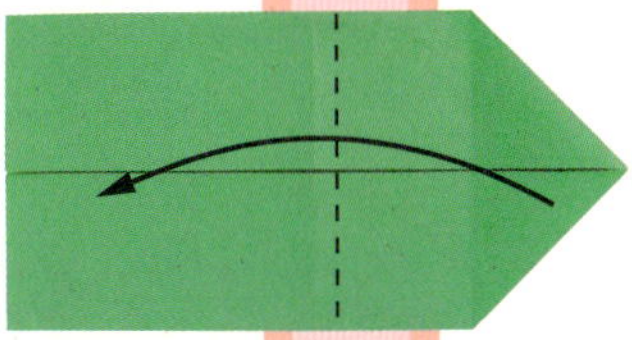

6 点線《てんせん》で おる

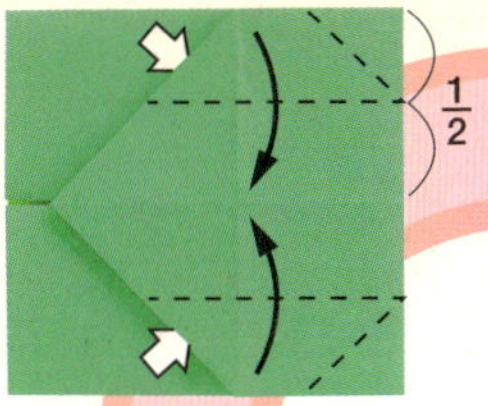

かくだい

7 ⇦から ふくろを ひらいて つぶす

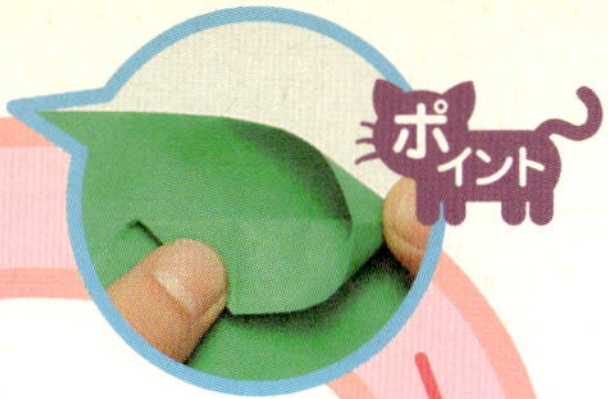

8 元《もと》に もどす

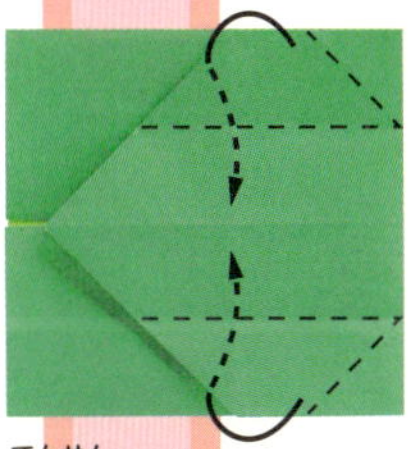

9 点線《てんせん》で なかわりおり

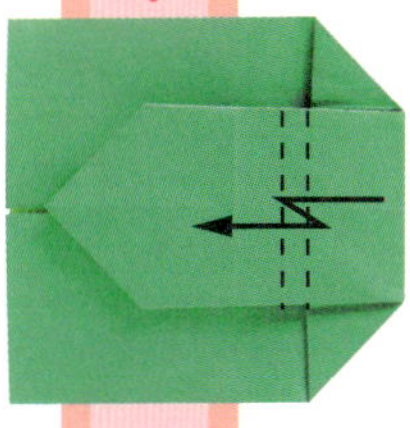

10 点線《てんせん》で だんおり

11 点線《てんせん》で なかわりおり

12 点線《てんせん》で 内《うち》がわに おる

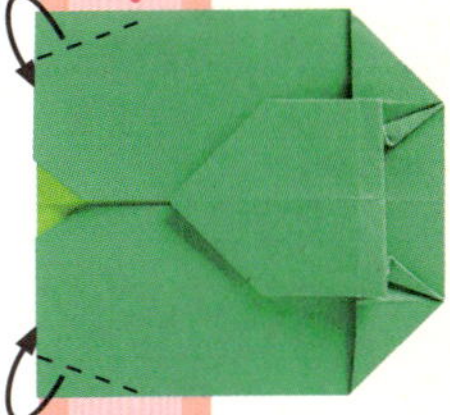

13 点線《てんせん》で 後《うし》ろに おる

14 前足《まえあし》を 内《うち》がわから ひき出《だ》す

15 目《め》を かいて できあがり

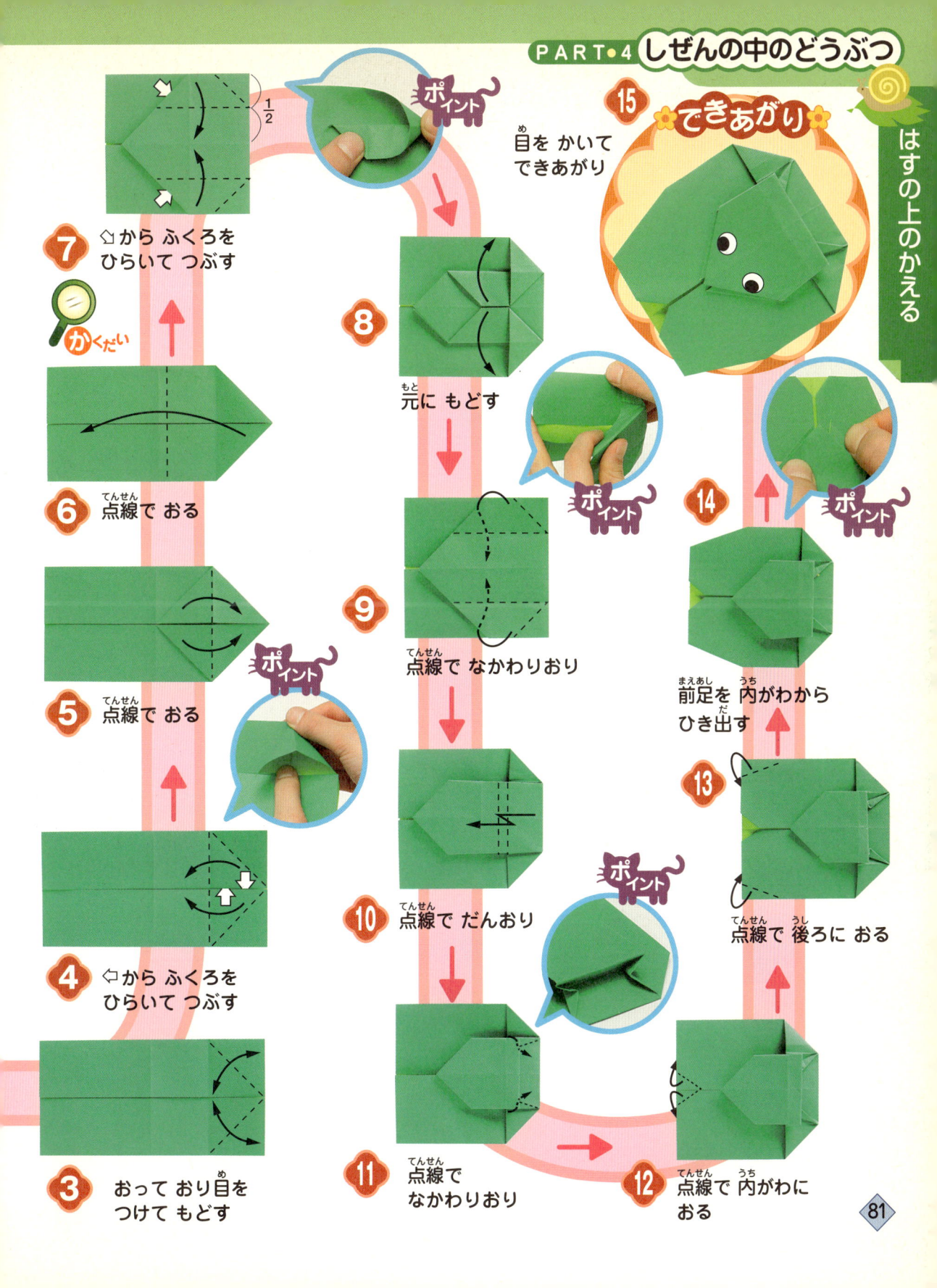

木《き》にとまる
セミ

レベル

かみの大きさ

15cm×15cm

1 まん中《なか》に むけて おって おり目《め》を つけて もどす

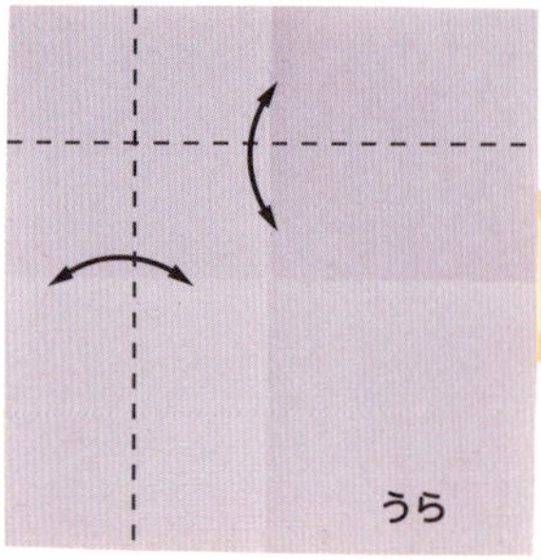

2 点線《てんせん》で おる

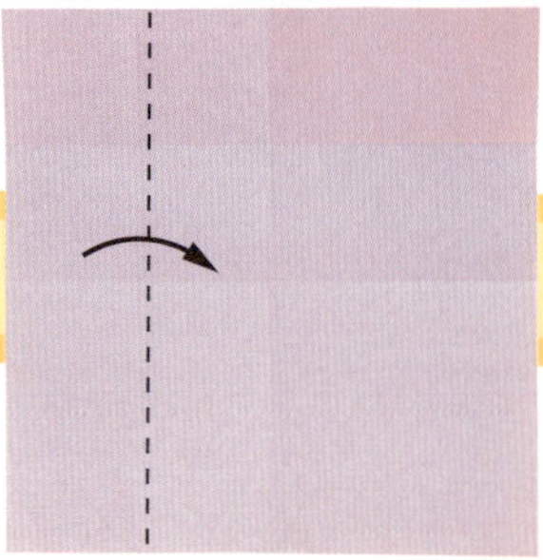

ポイント

3 ⇦から ふくろを ひらいて つぶす

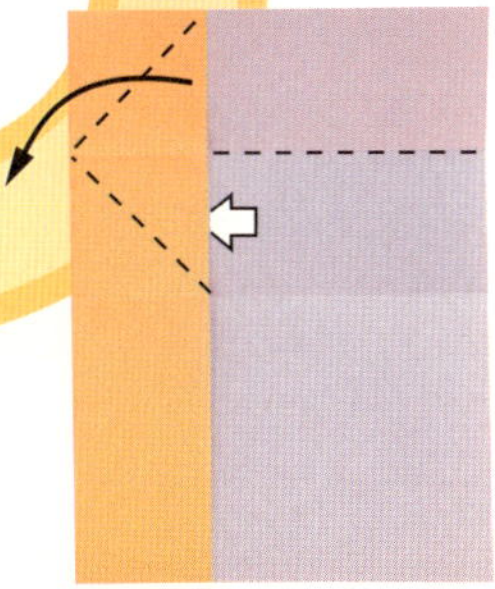

ポイント

4 ⇧から ふくろを ひらいて つぶす

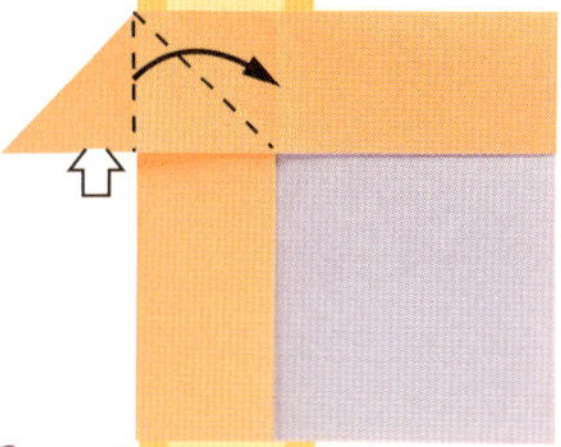

5 点線《てんせん》で おる

6 点線《てんせん》で おる

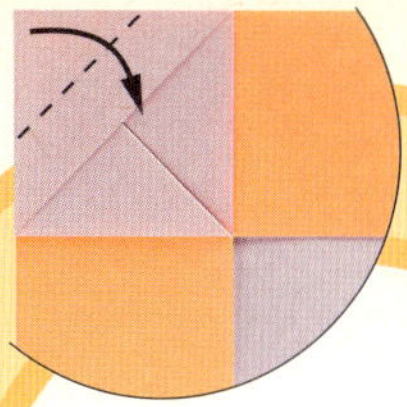

7 点線《てんせん》で 後《うし》ろに おる

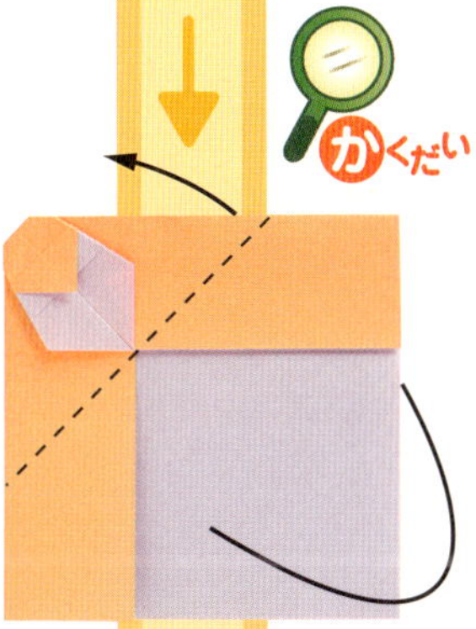
かくだい

8 点線《てんせん》で 後《うし》ろに おる

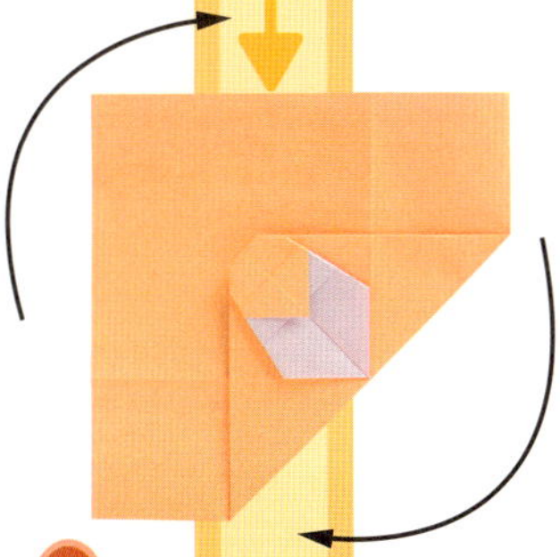

9 むきを かえる

10 うらがえす

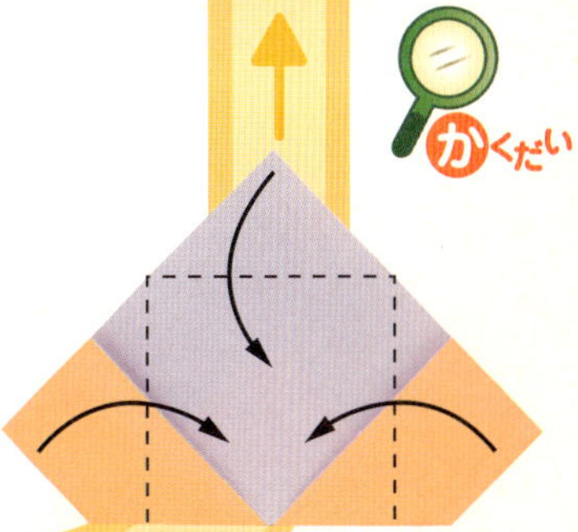
かくだい

11 点線《てんせん》で おる

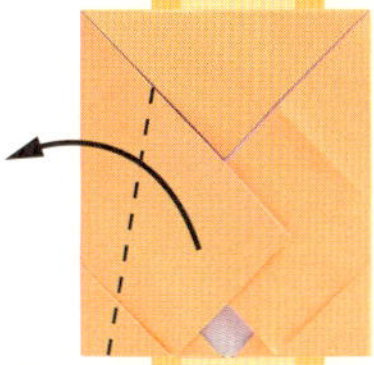

12 点線《てんせん》で おる

13 うらがえす

14 できあがり

目《め》を かいて できあがり

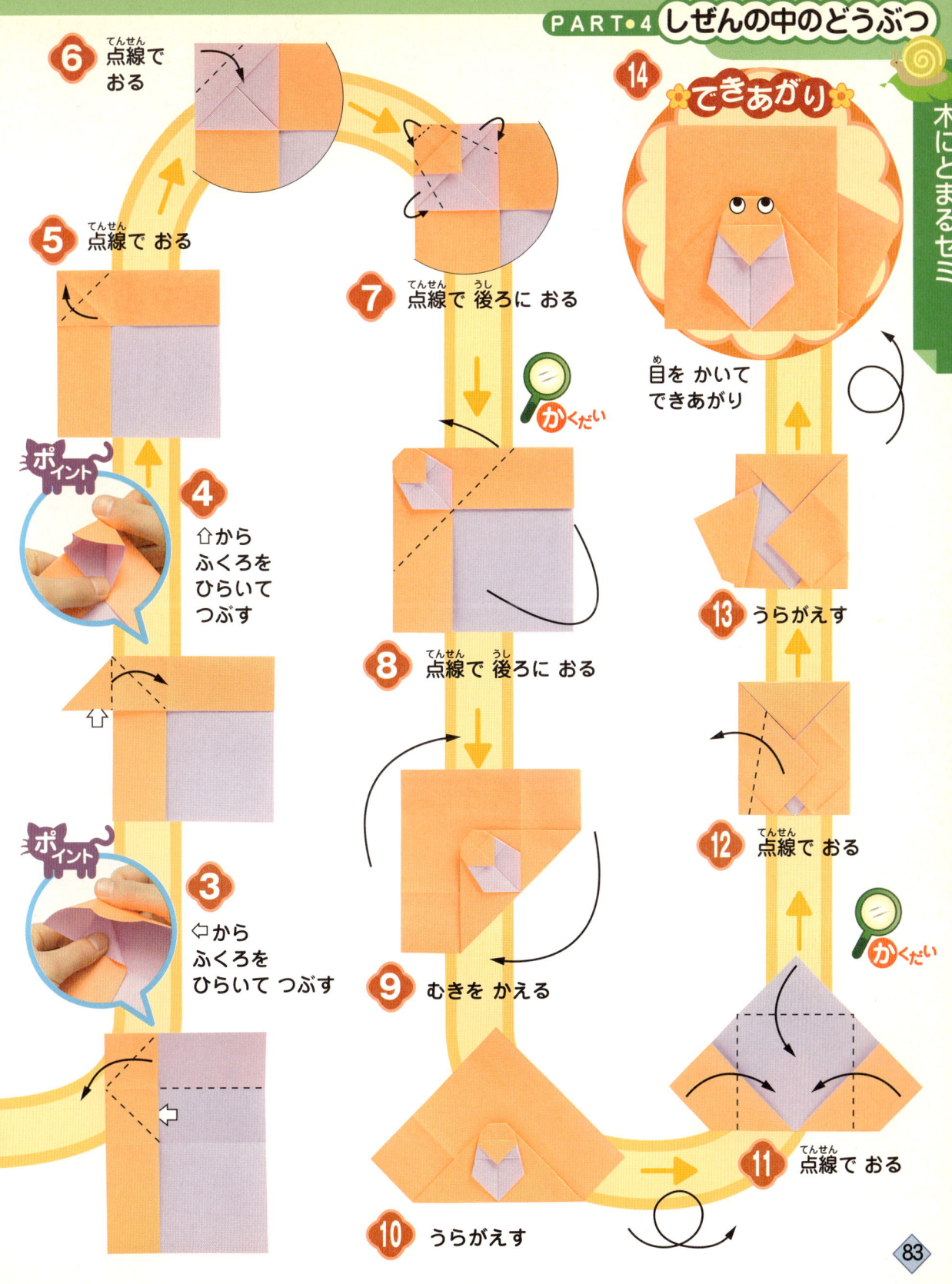

こおりの上《うえ》のしろくま

レベル

かみの大《おお》きさ

15cm×15cm

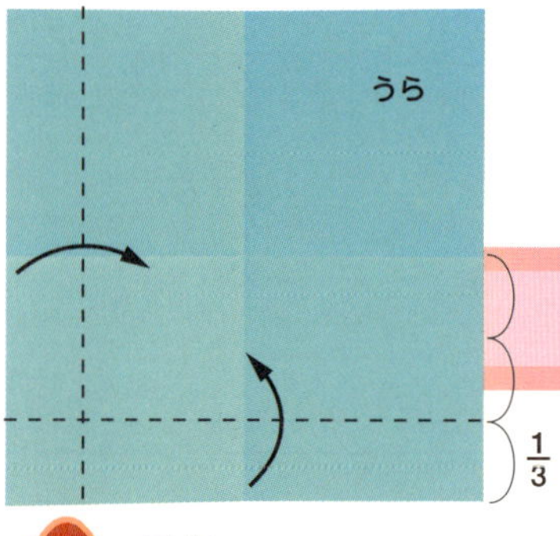

1 点線《てんせん》で おる

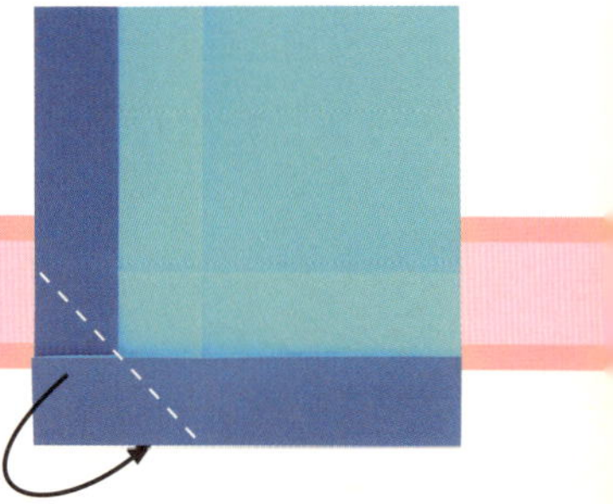

2 点線《てんせん》で 後《うし》ろに おる

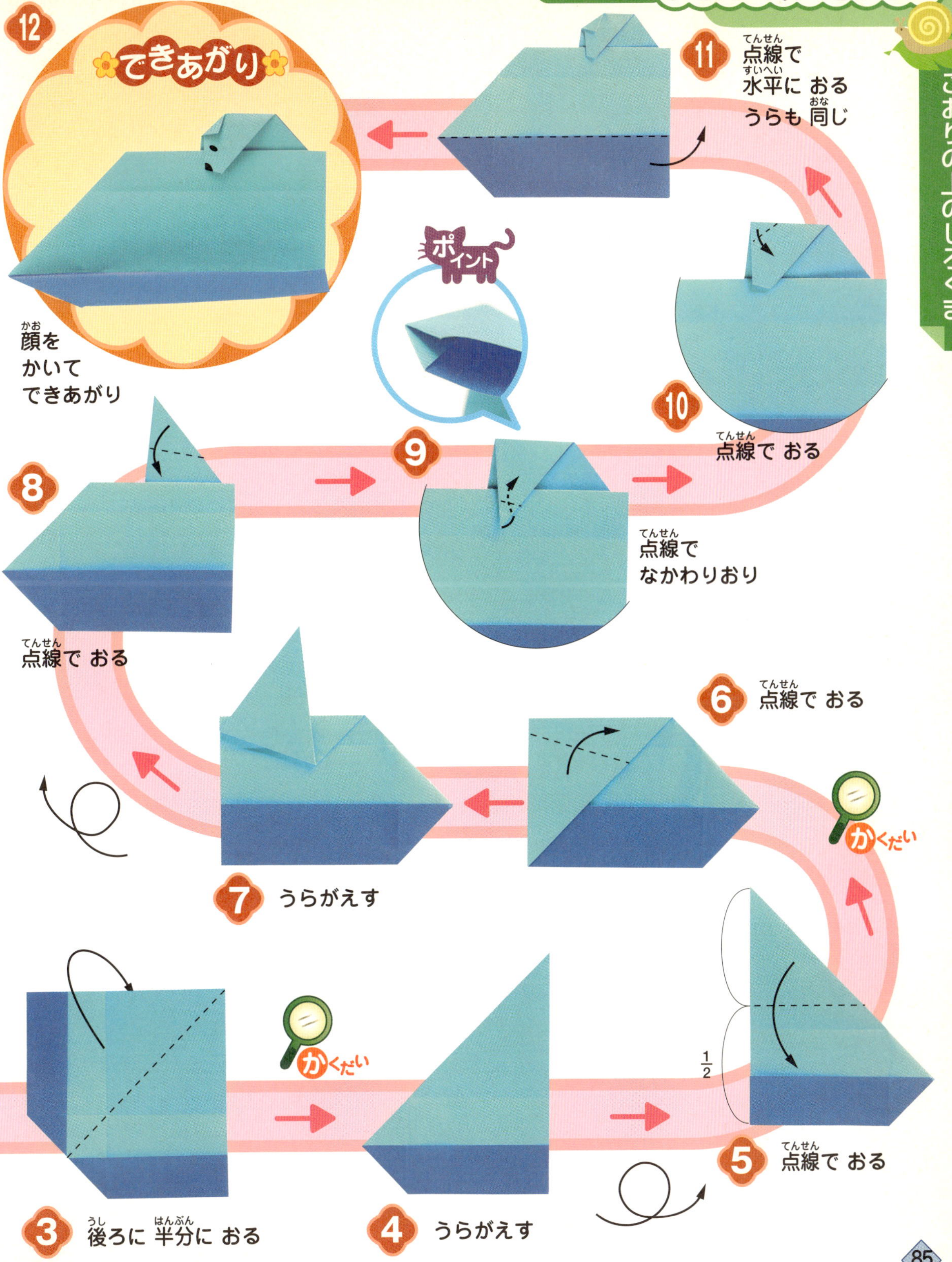
3
後《うし》ろに 半分《はんぶん》に おる
かくだい
4
うらがえす
1/2
5
点線《てんせん》で おる
かくだい
6
点線《てんせん》で おる
7
うらがえす
8
点線《てんせん》で おる
9
点線《てんせん》で
なかわりおり
ポイント
10
点線《てんせん》で おる
11
点線《てんせん》で
水平《すいへい》に おる
うらも 同《おな》じ
12
できあがり
顔《かお》を
かいて
できあがり

くさの中《なか》から
顔《かお》を出《だ》すうさぎ

レベル

かみの大《おお》きさ
20cm×20cm

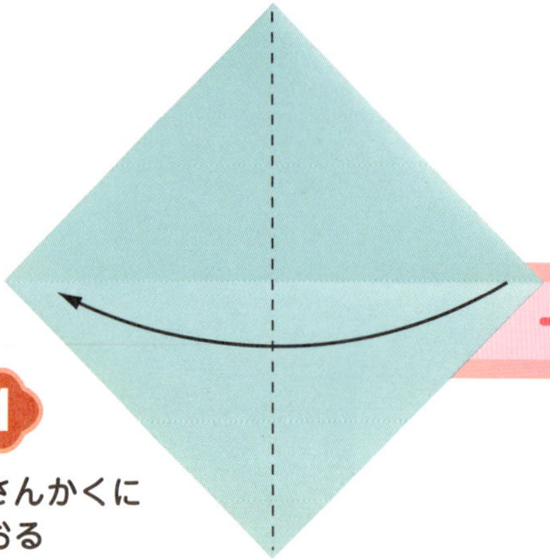

1 さんかくに
おる

2 点線《てんせん》で
後《うし》ろに おる

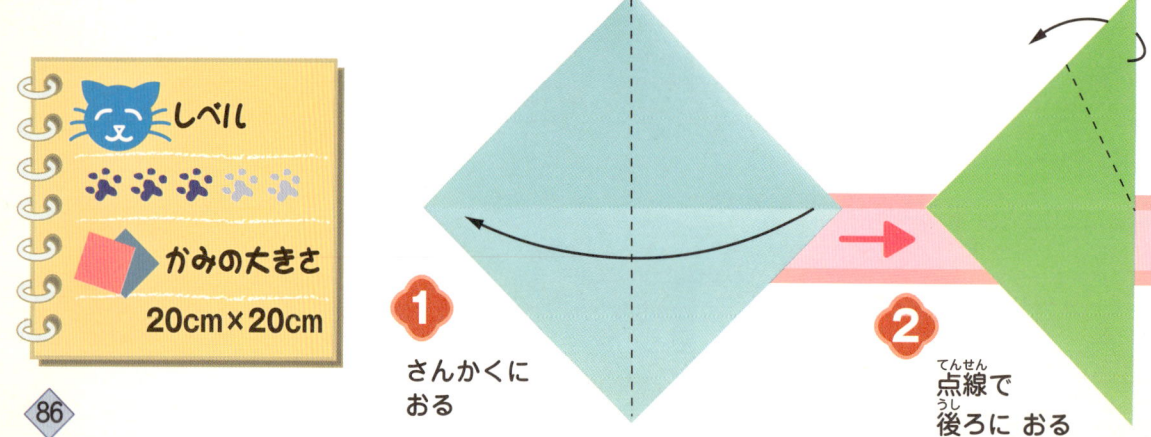

くさの中から顔を出すうさぎ

かくだい

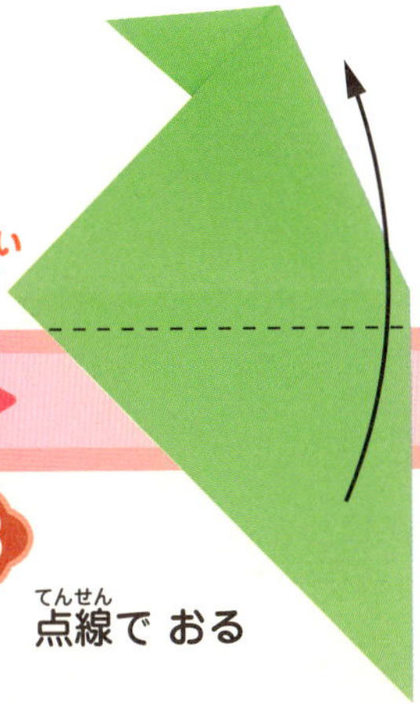

3 点線《てんせん》で おる

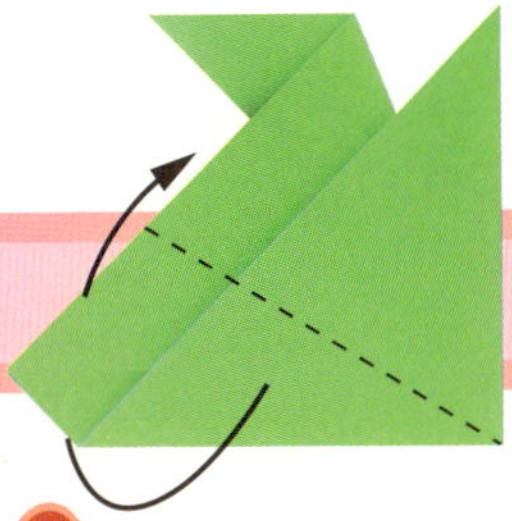

4 点線《てんせん》で 後《うし》ろに おる

かくだい

5 ⇩から ふくろを ひらいて つぶす

6 点線《てんせん》で おる

7 点線《てんせん》で 内《うち》がわに おる

8 点線《てんせん》で 後《うし》ろに おる

9 点線《てんせん》で 後《うし》ろに おる

10 むきを かえ 顔《かお》を かいて できあがり

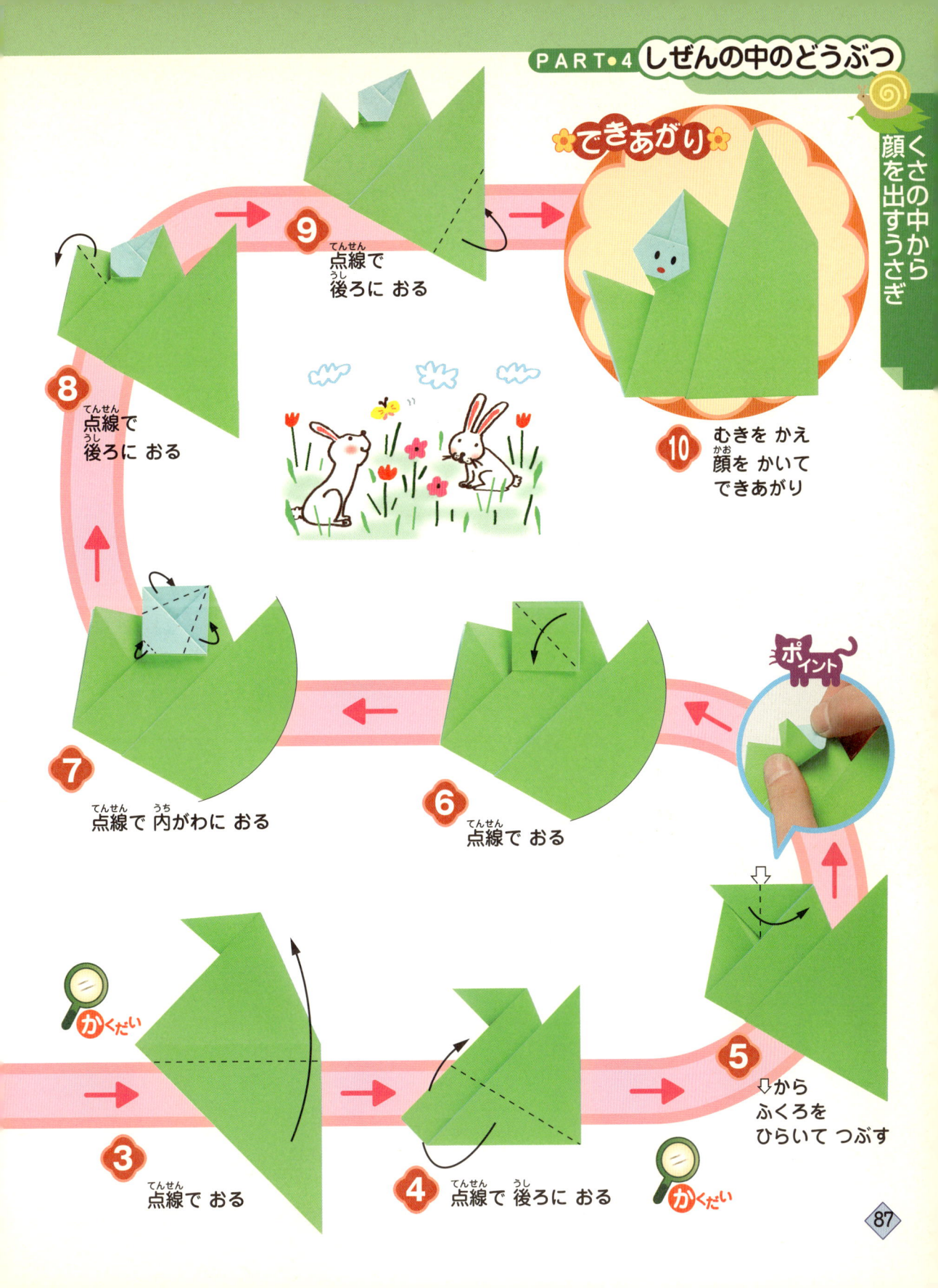

えだの上《うえ》のことり

レベル

かみの大きさ

15cm×15cm

1

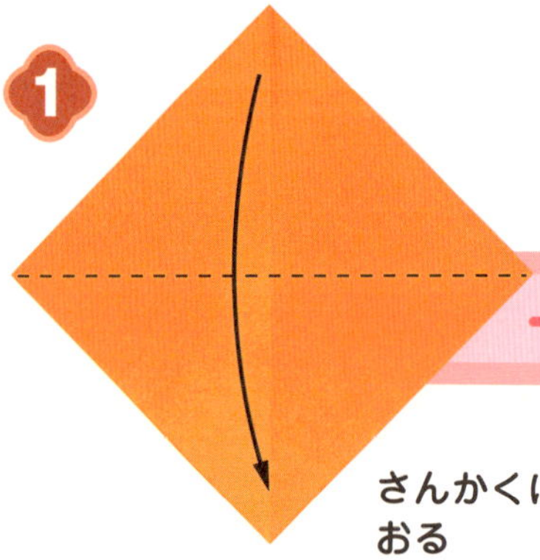

さんかくに
おる

2 点線《てんせん》で かぶせおり

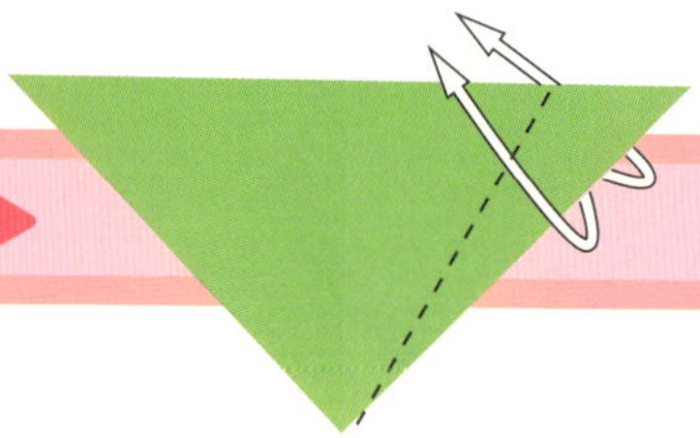

えだの上のことり

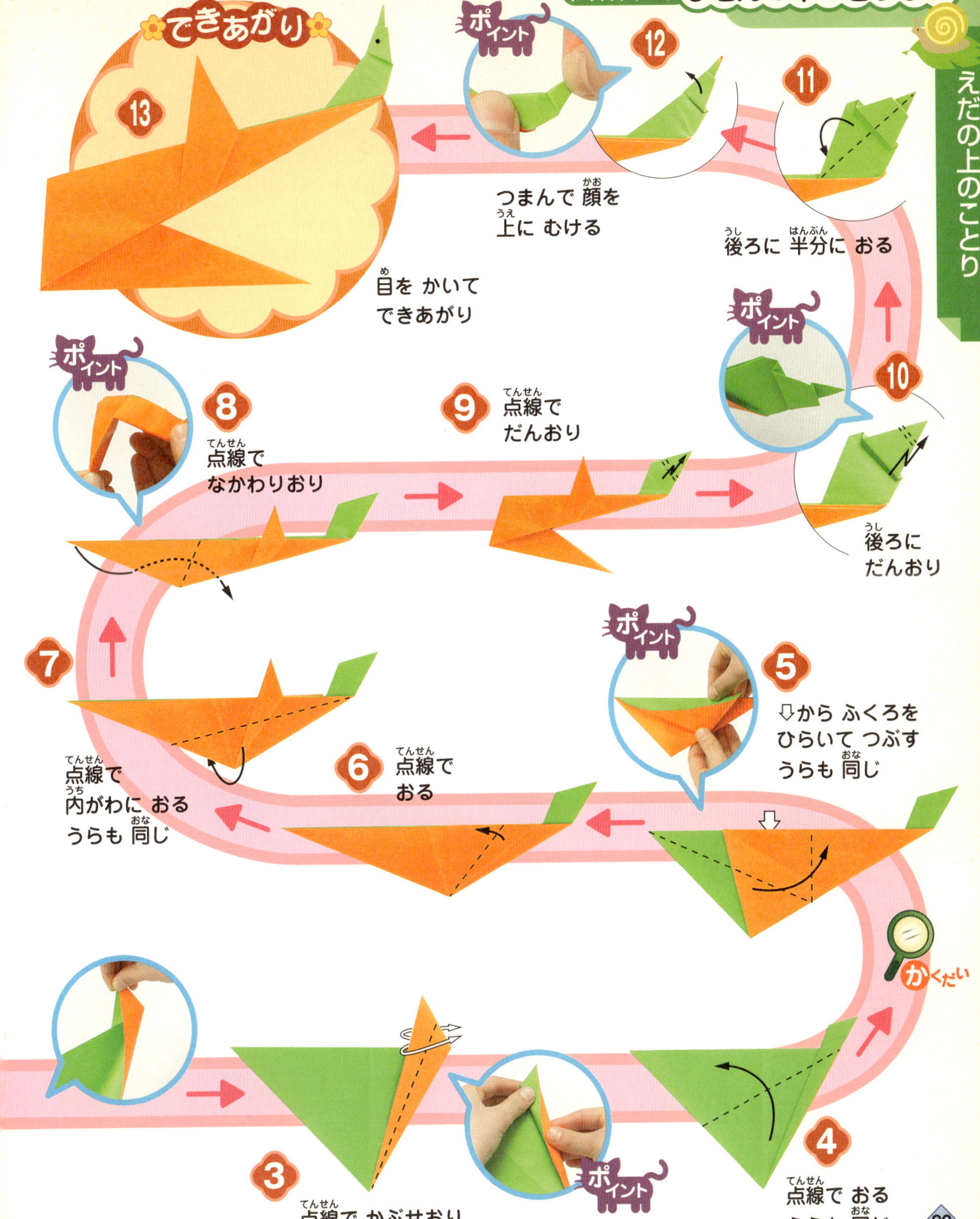

3
点線《てんせん》で かぶせおり

4
点線《てんせん》で おる
うらも 同《おな》じ

5
⇩から ふくろを
ひらいて つぶす
うらも 同《おな》じ

6
点線《てんせん》で
おる

7
点線《てんせん》で
内《うち》がわに おる
うらも 同《おな》じ

8
点線《てんせん》で
なかわりおり

9
点線《てんせん》で
だんおり

10
後《うし》ろに
だんおり

11
後《うし》ろに 半分《はんぶん》に おる

12
つまんで 顔《かお》を
上《うえ》に むける

13
目《め》を かいて
できあがり

こおりの上《うえ》の ペンギン

レベル

かみの大きさ
20cm×20cm

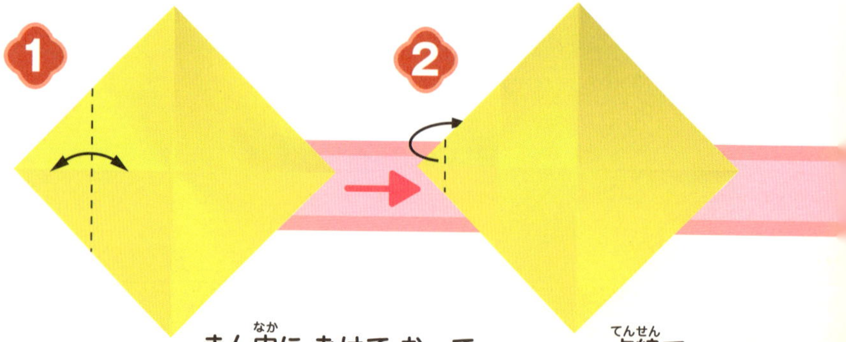

1 まん中《なか》に むけて おって
おり目《め》を つけて もどす

2 点線《てんせん》で
後《うし》ろに おる

こおりの上のペンギン

3
点線《てんせん》で おる
4
点線《てんせん》で
おる
5
点線《てんせん》で
後《うし》ろに おる
6
後《うし》ろに 半分《はんぶん》に
おる
かくだい
7
おって おり目《め》を
つけてから ひろげる
8
おり目《め》に
そって
たたむ
ポイント
ポイント
9
点線《てんせん》で 内《うち》がわに おる
うらも 同《おな》じ
10
むきを
かえる
11
点線《てんせん》で
かぶせおり
ポイント
12
できあがり
目《め》を かいて
できあがり

すの中《なか》の3びきのひよこ

レベル

かみの大きさ

15cm×15cm

「たまごからかえるひよこ」（60ページ）の7までおってから はじめます。

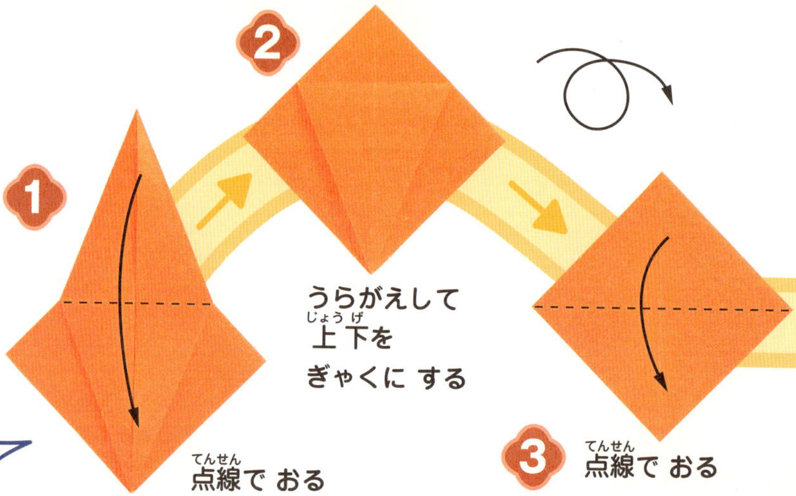

1 点線《てんせん》で おる

2 うらがえして 上下《じょうげ》を ぎゃくに する

3 点線《てんせん》で おる

4

点線《てんせん》で 内《うち》がわに おる
うらも 同《おな》じ

5

おって おり目《め》を
つけて もどす

6

点線《てんせん》で おる

かくだい

7

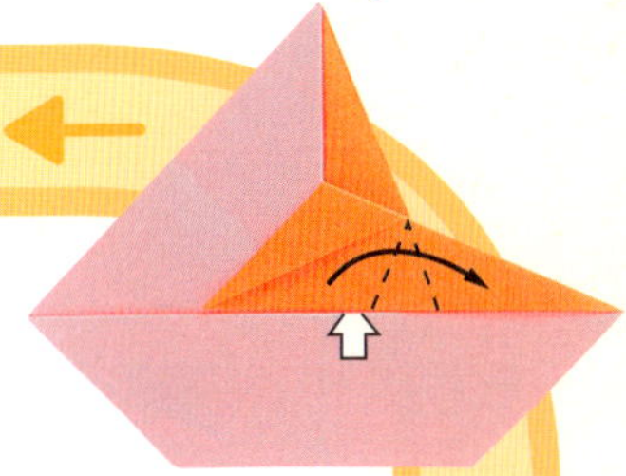

⇧から ふくろを
ひらいて つぶす

8

点線《てんせん》で おる

9

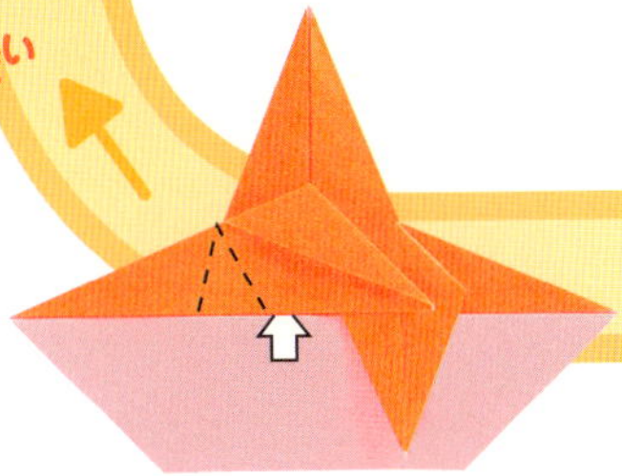

⇧から ふくろを
ひらいて つぶす

かくだい

10

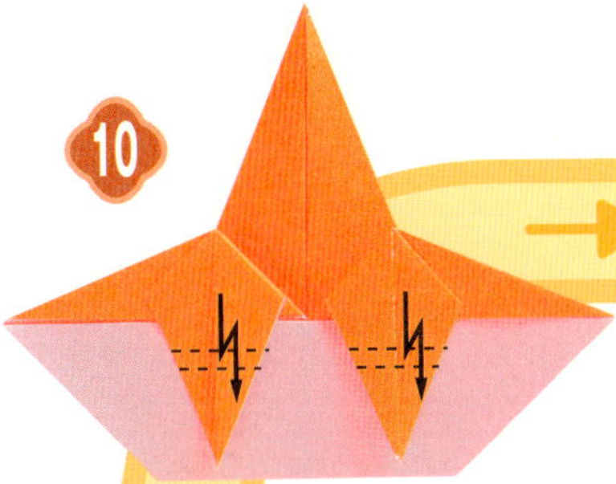

点線《てんせん》で だんおり

11

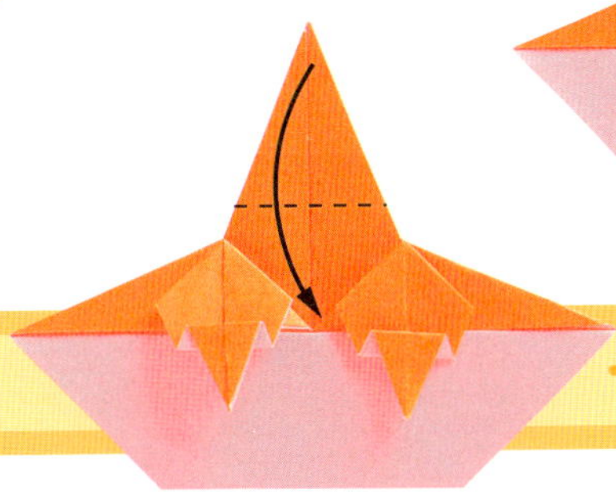

点線《てんせん》で おる

12

点線《てんせん》で だんおり

13

点線《てんせん》で
後《うし》ろに おる

14

目《め》を かいて
できあがり

木《き》にとまる とり

レベル

かみの大きさ 20cm×20cm

「たまごからかえるひよこ」（60ページ）の5までおってから はじめます。

1

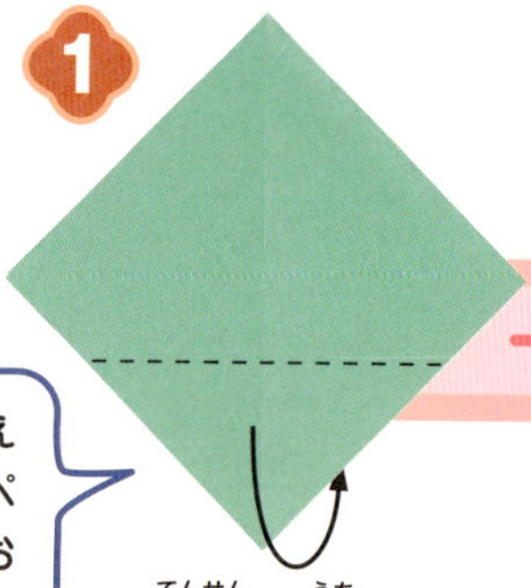

点線《てんせん》で 内《うち》がわに おる

2

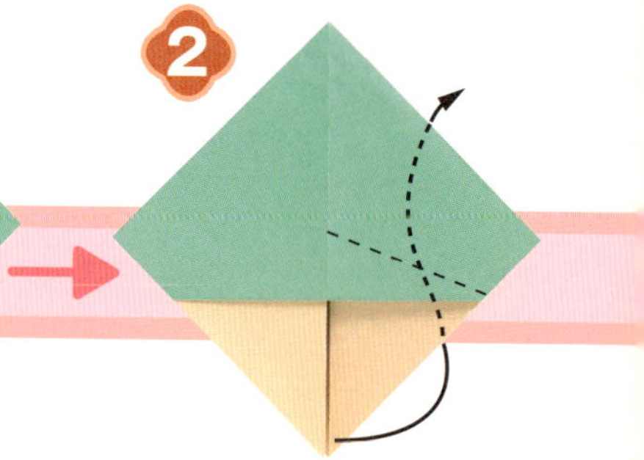

点線《てんせん》で なかわりおり

木にとまるとり

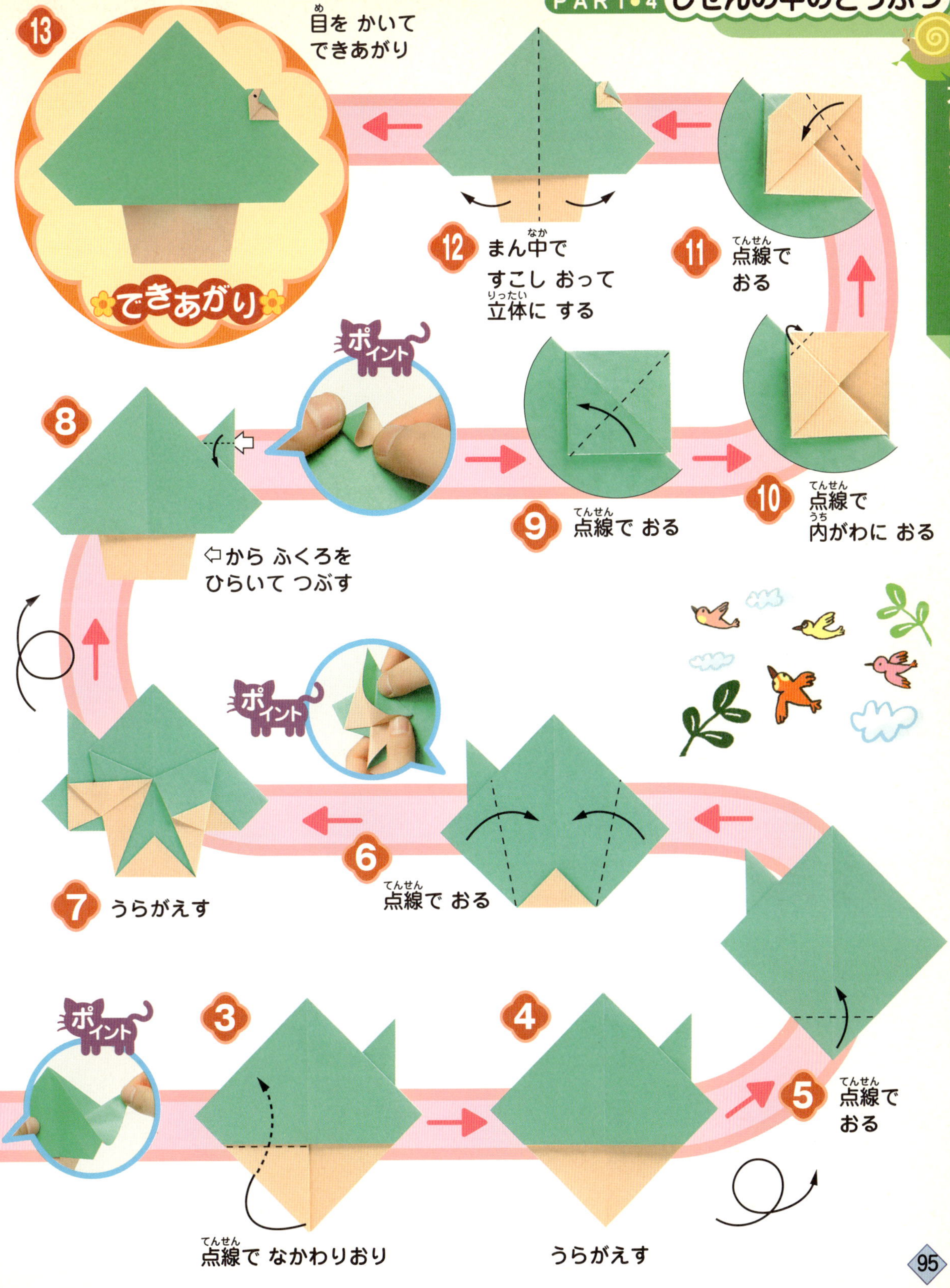
13
目《め》を かいて
できあがり
できあがり
12 まん中《なか》で
すこし おって
立体《りったい》に する
11 点線《てんせん》で
おる
10 点線《てんせん》で
内《うち》がわに おる
9 点線《てんせん》で おる
ポイント
8
⇦から ふくろを
ひらいて つぶす
ポイント
7 うらがえす
6 点線《てんせん》で おる
ポイント
3
点線《てんせん》で なかわりおり
4
うらがえす
5 点線《てんせん》で
おる

■著　者
新宮　文明（しんぐう　ふみあき）
1953年、福岡県大牟田市生まれ。デザイン学校を卒業後上京、84年に株式会社シティプラン設立。グラフィックデザインのかたわら、オリジナル商品「JOYD」シリーズを発売。トイザらス、東急ハンズ、ニューヨーク、パリなどで販売。98年、「折り紙遊び」シリーズを発売。
2002年、「おりがみ　くらぶ」サイトを開始。著書に『これだけはおぼえたい！かんたんおりがみ1』（同文書院）、『だれでもできる　エンジョイおりがみ』（朝日出版社）、『おりがみしようよ！』（日本文芸社）、『ちえをはぐくむ おりがみえほん どうぶつ』『同 みずのいきもの』（文溪堂）がある。

■装丁・本文デザイン　(有)サン・クリエート
■本文イラスト　藤田　ヒロコ
■DTP　ニシ工芸株式会社
■写真撮影　天野　憲仁（日本文芸社）
■編集・制作　(株)文研ユニオン

1《いち》まいでいろいろできちゃう！
ふしぎおりがみ

著　者　新宮文明《しんぐうふみあき》
発行者　西沢宗治
印刷所　図書印刷株式会社
製本所　図書印刷株式会社
発行所　株式会社　日本文芸社
〒101-8407　東京都千代田区神田神保町1-7
TEL 03-3294-8931（営業）03-3294-8920（編集）
振替口座　00180-1-73081
Printed in Japan　112070605-112080331Ⓝ03
ISBN978-4-537-20566-4
URL http://www.nihonbungeisha.co.jp/

編集担当　吉村